积跬致远

古典诗词品读

丛书主编 朱惠仙 黄擎 康绿野

丛书副主编 郑晓娟

ZHEJIANG UNIVERSITY PRESS

浙江大学出版社

·杭州·

图书在版编目（CIP）数据

古典诗词品读 / 黄擎，康绿野主编． — 杭州：浙
江大学出版社，2023.12
ISBN 978-7-308-18503-5

Ⅰ. ①古… Ⅱ. ①黄… ②康… Ⅲ. ①古典诗歌—
中国—中小学—教学参考资料 Ⅳ. ①G634.303

中国版本图书馆CIP数据核字（2018）第182284号

古典诗词品读

黄擎　　康绿野　主编

责任编辑	武晓华　梁　兵	
责任校对	刘宁瑶　黄伊宁	
装帧设计	做书文化	
出版发行	浙江大学出版社	
	（杭州市天目山路148号　邮政编码310007）	
	（网址：http://www.zjupress.com）	
排　　版	杭州乐读文化创意有限公司	
印　　刷	浙江新华印刷技术有限公司	
开　　本	710mm×1000mm　1/16	
印　　张	12	
字　　数	124千	
版 印 次	2023年12月第1版　2023年12月第1次印刷	
书　　号	ISBN 978-7-308-18503-5	
定　　价	45.00元	

《古典诗词品读》编委会名单

丛 书 主 编：朱惠仙　黄　擎　康绿野

丛书副主编：郑晓娟

本 册 主 编：黄　擎　康绿野

编 写 人 员：(按音序排列)

　　　　　　黄　擎　姜群芳　康绿野　欧阳劲松

　　　　　　文　娟　郑　姣

前言 | QIANYAN

　　中华民族传统文化博大精深，源远流长，是值得青少年学子认真研习并汲取其精华的巨大精神财富。为帮助青少年夯实古汉语基础，培养古文阅读和古诗词鉴赏的能力，在品读经典诗词和优秀散文的过程中陶冶情操，提升古典文化的修养，并促进传统文化在新时代的传承与发展，特组织经验丰富的相关专业学者、老师共同编写本丛书。

　　"不积跬步，无以至千里""非淡泊无以明志，非宁静无以致远"，这套丛书有一个寓意深远的名字——"积跬致远"，希望青少年读者在品读经典诗词、赏析古文名篇、学习文言词语的过程中，加深对传统文化的了解，在点滴的积累中增强人文底蕴。本丛书分为《古典诗词品读》《经典古文赏析》《文言词语选释》三卷，分别选取80首经典古诗词、80篇古文名篇，以及学习古汉语必须掌握的基本词语与包蕴古代文化内涵的词语160个，作为青少年拓展性学习的参考读物，从词义、诗词、古文三方面入手，培养青少年对古典文学的学习兴趣，更好地感受中华优秀传统文化的魅力。

　　《古典诗词品读》分为"词语释义""诗意品析""知识拓展"三个模块。"词语释义"，以标序注解的形式对诗词中意思较难理解的词语进行解释，帮助读者准确理解词语意思；"诗意品析"，对诗词内容进行细致解析，从用词炼字、诗词意境、思想主旨等方面进行鉴赏，帮助读者形成对经典诗词作品生动具体的感知力；"知识拓展"，介绍作者生平、名人轶事、传说典故及相关文化知识，帮助读者开阔视野，激发对古典文学和传统文化的兴趣。

　　《经典古文赏析》与《古典诗词品读》相仿，分为"词语释义""全文翻译""知识拓展"三个模块。"全文翻译"将古文全文翻译成规范的现代汉语，帮助读者准确理解词义和把握全文意思；"知识拓展"以简练的语言揭示文章主旨，解析所表达的深刻思想含义，并拓展相关知识。

　　《文言词语选释》第一个模块是"词义解释"，列出古代常用义。第二个模块是"深入解析"，即分析字形，梳理词义发展概况，必要时根据实际需要结合古文中的用例以供体会理解。上古汉语词汇以单音词为主，具有多义性的特征，而词义具有系统性，各个义项之间往往具有引申和被引申的关系。通过深入分析各个词义之间的关系，理清词义引申脉络，既有助于提纲挈领，由简驭繁，快速掌握词义，也有助于读者通过对这些词语的具体体会，掌握词义分析的方法，从而有效提高阅读古文的能力。第三个模块为"知识拓展"或"实例体会"。"知识拓展"介绍相关的基本语言学概念知识、文化史知识等，帮助读者更好地理解古代词义；"实例体会"选取中学语文教材或经典名篇中的用例，帮助读者加深理解相关的词义。为了便于初学者理解，该册所引用实例一般都翻译成相应的现代汉语。此外，我们还在单音的字头下列出古文字形体，以助了解字义，复音词则用相关图片帮助理解其含义。

　　本丛书不仅适用于对古典诗词和古文有一定基础的青少年读者，也可以作为古诗文爱好者的兴趣读物。在素质教育成为共识，传统文化不断升温的今天，希望本丛书能够有助于青少年读者学好古典诗词，读懂古文，在审美熏陶和点滴积累中继承并发扬中华民族优秀传统文化。

《积跬致远》丛书　主编

目录 | MULU

1　桃夭　《诗经·国风·周南》 ……………………001

2　硕鼠　《诗经·国风·魏风》 ……………………003

3　沧浪歌　先秦·佚名 ……………………005

4　上邪　汉·乐府民歌 ……………………007

5　行行重行行　《古诗十九首》 ……………………009

6　短歌行（其一）　汉·曹操 ……………………011

7　饮酒（其五）　晋·陶渊明 ……………………014

8　读《山海经》（其十）　晋·陶渊明 ……………………016

9　寄王琳　南北朝·庾信 ……………………019

10　子夜歌（三首）　南朝民歌 ……………………021

11　陇头歌辞（三首）　北朝民歌 ……………………023

12　在狱咏蝉　唐·骆宾王 ……………………025

13　送杜少府之任蜀州　唐·王勃 ……………………027

14　渡汉江　唐·宋之问 ……………………030

15　独不见　唐·沈佺期 ……………………032

16　感遇（其二）　唐·陈子昂 ……………………034

17　春江花月夜　唐·张若虚 ……………………036

18　望月怀远　唐·张九龄 ……………………040

19　凉州词　唐·王之涣 ……………………042

20　宿建德江　唐·孟浩然 ……………………044

21 渡浙江问舟中人 唐·孟浩然 …………………046

22 从军行（其四） 唐·王昌龄 …………………048

23 观猎 唐·王维 …………………050

24 鸟鸣涧 唐·王维 …………………052

25 春思 唐·李白 …………………054

26 黄鹤楼送孟浩然之广陵 唐·李白 …………………056

27 宣州谢朓楼饯别校书叔云 唐·李白 …………………058

28 黄鹤楼 唐·崔颢 …………………060

29 凉州词二首（其一） 唐·王翰 …………………063

30 别董大（其一） 唐·高适 …………………065

31 逢雪宿芙蓉山主人 唐·刘长卿 …………………067

32 春望 唐·杜甫 …………………069

33 闻官军收河南河北 唐·杜甫 …………………071

34 登高 唐·杜甫 …………………073

35 白雪歌送武判官归京 唐·岑参 …………………075

36 枫桥夜泊 唐·张继 …………………078

37 滁州西涧 唐·韦应物 …………………080

38 游子吟 唐·孟郊 …………………082

39 晚春 唐·韩愈 …………………084

40 竹枝词（其一） 唐·刘禹锡 …………………086

41 卖炭翁　唐·白居易 ……………………………088

42 钱塘湖春行　唐·白居易 ………………091

43 江雪　唐·柳宗元 ………………………………093

44 闺意献张水部　唐·朱庆馀 ……………095

45 雁门太守行　唐·李贺 …………………………097

46 江南春　唐·杜牧 ……………………………100

47 商山早行　唐·温庭筠 ……………………102

48 无题（其一）唐·李商隐 …………………104

49 菩萨蛮　唐·韦庄 ……………………………106

50 相见欢　南唐·李煜 …………………………108

51 虞美人　南唐·李煜 …………………………110

52 苏幕遮　宋·范仲淹 …………………………112

53 山园小梅（其一）宋·林逋 ……………115

54 望海潮　宋·柳永 ……………………………117

55 天仙子　宋·张先 ……………………………119

56 浣溪沙　宋·晏殊 ……………………………121

57 采桑子　宋·欧阳修 …………………………123

58 临江仙　宋·晏几道 …………………………126

59 梅花　宋·王安石 ……………………………128

60 六月二十七日望湖楼醉书（其一）宋·苏轼 ………130

61　水调歌头　宋·苏轼　…………………132

62　念奴娇·赤壁怀古　宋·苏轼　…………135

63　鹊桥仙　宋·秦观　…………………138

64　如梦令　宋·李清照　…………………140

65　醉花阴　宋·李清照　…………………142

66　满江红　宋·岳飞　…………………144

67　关山月　宋·陆游　…………………146

68　钗头凤　宋·陆游　…………………148

69　卜算子·咏梅　宋·陆游　……………150

70　晓出净慈寺送林子方　宋·杨万里　……153

71　青玉案·元夕　宋·辛弃疾　…………155

72　西江月·夜行黄沙道中　宋·辛弃疾　…158

73　题临安邸　宋·林升　…………………160

74　游园不值　宋·叶绍翁　………………162

75　过零丁洋　宋·文天祥　………………164

76　摸鱼儿·雁丘词　金·元好问　………167

77　咏煤炭　明·于谦　…………………170

78　蝶恋花·出塞　清·纳兰性德　………172

79　竹石　清·郑燮　…………………174

80　己亥杂诗（其一百二十五）清·龚自珍　…………176

1 桃夭

《诗经·国风·周南》

桃之夭夭①，灼灼②其华③。
之子于归④，宜⑤其室家⑥。

桃之夭夭，有蕡其实⑦。
之子于归，宜其家室。

桃之夭夭，其叶蓁蓁⑧。
之子于归，宜其家人。

词语释义

①夭夭:少壮茂盛的样子。 ②灼灼:形容鲜花怒放的样子。 ③华:同"花"。 ④之子于归:这位姑娘出嫁了。之:这。子:你,此处指姑娘。于归:出嫁。于:动词词头,无实义。 ⑤宜:和顺,形容词使动用法,使……和顺。 ⑥室家:泛指夫妻,和下面的"家室""家人"一样,都指夫妻。 ⑦有蕡(fén)其实:它的果实十分繁盛。有:形容词词头,无实义。蕡:硕大的样子。 ⑧蓁(zhēn)蓁:枝叶繁茂的样子。

诗意品析

这是一首贺新娘出嫁的诗歌。诗歌以轻快活泼的语言,热情洋溢地赞美新娘,并且为她送上美好的祝福。

第一段的前两句,描绘了春意盎然的天地间,盛放的桃花开满枝头,朵朵娇艳,生机勃勃。"夭夭""灼灼"两组叠词,烘托出一幅春日明艳的美景图。"人面桃花相映红",这灿烂的桃花,令人想到女子美丽的容貌,这是"兴"的用法。这位出嫁的新娘,在最美的年华里也如桃花般绽放。诗歌祝福她嫁到夫家后,家庭和顺,幸福美满。

第二、三段格式相似,以桃树结出肥硕的果实起兴,预示着新娘婚后多子多福；以桃树繁茂如荫的枝叶起兴，预祝婚后的家业繁荣兴旺。将桃花、桃实、桃叶一起用来起兴，从桃联系到人，从美艳照人的新娘到多生子嗣的慈母，再到助兴家业的良妻，这既是桃树生长的自然规律，又是对新娘结婚之后幸福美满生活的祝福。

诗中还运用了重章叠唱的手法，"宜其室家""宜其家室""宜其家人"反复吟咏，不仅表达出对新娘婚后生活的美好祝愿，也在韵律上与每段的"灼灼其华""有蕡其实""其叶蓁蓁"相吻合，富有音乐性。

知识拓展

《诗经》，亦称"诗三百"，是中国第一部诗歌总集，共收入从西周初期至春秋中叶五百多年间的诗歌三百零五首，另有六篇"笙诗"有目无辞。《诗经》有"六义"之说，即"风""雅""颂""赋""比""兴"。其中"风""雅""颂"是《诗经》的三大部类："风"指十五国风，即具有各地音乐特色的民间歌谣；"雅"有"正"的意思，指正声，也就是典范的音乐，用于宫廷、贵族宴乐；"颂"是专门用于宗庙祭祀的音乐。"赋""比""兴"是《诗经》中三种最基本的表现手法："赋"，指铺陈直叙；"比"，以彼物比此物，即类比；"兴"，先言他物以引起所咏之辞，也就是先说其他事物再引出所要歌咏的内容。

这首《桃夭》就典型地使用了"兴"的手法。《毛诗故训传》云："兴也。桃有华之盛者，夭夭，其少壮也。灼灼，华之盛也。"该诗开头"桃之夭夭，灼灼其华"，先写春天桃树生机勃勃、桃花盛开的美丽景象，并以此起兴，再自然地引出如桃花般明艳动人的新娘。后面每段开头的"有蕡其实""其叶蓁蓁"也都是起兴，引出"之子于归"后的美好生活。这就是"兴"这一手法的微妙之处，它能够委婉含蓄地表达诗人的情致，因此也为后世许多诗人所用。

2 硕鼠①

《诗经·国风·魏风》

硕鼠硕鼠，无食我黍②！
三岁贯女③，莫我肯顾。
逝④将去⑤女，适⑥彼乐土⑦。
乐土乐土，爰⑧得我所⑨。

硕鼠硕鼠，无食我麦！
三岁贯女，莫我肯德⑩。
逝将去女，适彼乐国。
乐国乐国，爰得我直⑪。

硕鼠硕鼠，无食我苗！
三岁贯女，莫我肯劳⑫。
逝将去女，适彼乐郊。
乐郊乐郊，谁之永号⑬？

词语释义

①硕鼠：大老鼠，喻指贪婪的剥削者。　②无食我黍：不要吃我家的黍子。无：毋，不要。黍：黍子，古代一种重要粮食作物，子实煮熟后有黏与不黏两种，可以酿酒或食用等。　③三岁贯女：侍奉你很多年。三岁：很多年。三，虚指，表示多数。贯：侍奉。女：通"汝"，你。　④逝：通"誓"，发誓。　⑤去：离开。　⑥适：到……去。　⑦乐土：可以安居乐业的地方。下面两段的"乐国""乐郊"意思与此相同。　⑧爰（yuán）：在这里。　⑨所：处所。　⑩德：名词活用为动词，施恩。　⑪直：通"值"，指劳动所得。"爰得我直"即"在这里才能得到我自己的劳动所得"。一说"直"即"惠"，恩德，"爰得我直"即"在这里才能得到给予我的恩德"。还有人认为"直"的意义与上一段的"所"相同。　⑫劳：慰劳。　⑬永号：长叹。

诗意品析

　　这首诗运用了"比"的表现手法，全诗三段结构相似，都是借用"硕鼠"比喻贪婪的剥削者，表达诗人对他们的愤恨之情。

　　诗歌每段都以"硕鼠硕鼠"开头，直呼剥削者为"硕鼠"。连呼两遍，是在对剥削者们发出强烈的警告："无食我黍（麦、苗）!""三岁"是虚指，显示统治者吃"黍、麦、苗"已经多年了。"我"多年供养"女（汝）"，"女（汝）"却只顾索取，对"我"从不顾念，从不给予恩惠，甚至连一丝安慰也没有。剥削者多么贪得无厌！这与那些偷吃粮食、破坏庄稼，害得农民收成无几的老鼠相比，有过之而无不及！

　　这引起了"我"的愤怒和觉醒，"我"代表着广大受剥削欺压的劳动人民，于是"我"宣布"逝将去女"。一个"逝"字，表达了作者强烈的意愿和果断的决心：他要远离这群剥削者，去寻找能够安居乐业的"乐土"。那里没有剥削压迫，人们过着丰衣足食的生活，那才是理想的居住之地啊！"乐土乐土"和开头的"硕鼠硕鼠"相对比，反衬出作者对"硕鼠"的怨恨和对"乐土"的向往。这首诗表现了作者对剥削者的极度厌恶和愤恨，并提出了追求安宁乐土的美好理想。

知识拓展

　　古汉语书面语中，文字通假的现象很常见。通假字是在同一历史平面上的用字分歧现象，即不用本字而用另外一个读音与它相同或相近的字来代替，如本诗中的"女"通"汝"，"逝"通"誓"。

　　常见的通假字还有"反"通"返"、"亡"通"无"、"被"通"披"、"说"通"悦"、"蚤"通"早"、"见"通"现"、"不"通"否"、"涂"通"途"、"坐"通"座"等。由于通假是临时性的，是在具体语句中的现象，所以判断某个字是否通假要根据语境而定。

3 沧浪歌

先秦·佚名

沧浪之水清兮，可以濯①我缨②；
沧浪之水浊兮，可以濯我足。

诗意品析

古歌谣产生的年代早远，又形成于民间，并且口耳相传，所以有简朴、质实的特点，然而，它的魅力也恰恰在这简朴与质实之中。这首《沧浪歌》，两句诗，仅有四个字的变化，却能让人在品味一种原始韵味的同时，体会到人生某种哲理性的感悟。

屈原认为"安能以皓皓之白，而蒙世俗之尘埃乎？"而《沧浪歌》却说"沧浪之水浊兮，可以濯我足"，这是"莲出淤泥而不染"的另一种说法，就是说白者自白，是不会被玷污的，高洁之士在乱世中没必要以死来表明自己的清白高洁，而应该豁然地面对这种世态。

据说，孔子当年听了这首歌，不无感慨地说："水清就用它来洗洗帽子，水浊就用它来洗洗脚，这全在于我们自己的决定啊！"他的感悟是每个人都应该具备不为外力所惑、不为外力所动的独立意愿，永远保持高洁的人格。过去如此，现在也是，未来亦然。

知识拓展

苏州著名景点沧浪亭的得名就来自这首《沧浪歌》。

沧浪亭最早是五代时吴越国节度使孙承佑的池馆。宋代著名诗人苏舜钦以四万贯钱买下这座已经废弃的园林，进行改建，并在水边造了一个亭子，因为喜欢《沧浪歌》，所以题名"沧浪亭"，并自号沧浪翁，作《沧浪亭记》。不仅如此，他还邀请欧阳修写了《沧浪亭》长诗。诗中"清风明月本无价，可惜只卖四万钱"写的就是苏舜钦花钱买园一事。从此，沧浪亭远近闻名。

苏舜钦之后，沧浪亭几度荒废。南宋初年，抗金名将韩世忠曾在此居住。清康熙三十五年（公元1696年），巡抚宋荦（luò）重建此园，把傍水亭子移建于山之巅，并以文徵明隶书"沧浪亭"为匾额。清同治十二年（公元1873年），沧浪亭再次重建。

如今的沧浪亭早已古木森森，它的一草一木仿佛都在诉说着历史的沧桑。

4 上邪

汉·乐府民歌

上邪^①！
我欲与君相知^②，
长命无绝衰^③。
山无陵^④，
江水为竭^⑤。
冬雷震震^⑥，
夏雨雪^⑦。
天地合^⑧，
乃敢^⑨与君绝。

词语释义

①上邪(yé)：上天啊！上：指天。邪：语气词，表示感叹。②相知：相知相爱。③长命无绝衰：让我们的爱情永不衰绝。命：使。绝：断绝。衰：衰减。④陵(líng)：山头。⑤竭：干枯。⑥震震：形容雷声。⑦雨(yù)雪：降雪。雨，名词活用作动词。⑧天地合：天与地合在一起。⑨乃敢：才敢。

诗意品析

　　《上邪》是一首汉乐府民歌，也是一段情感热烈、气势奔放的爱情誓言。诗歌的主人公是一位女子，她为了表达对心上人忠贞不渝的感情，对天发誓，希望能够与爱人永远相爱。这段起誓之词是她最炙热的爱意表达，诗歌中连续用了五个自然界不可能出现的异象："山无陵""江水为竭""冬雷震震""夏雨雪""天地合"。意思是，除非山头磨平、长江水干涸、冬天里雷声隆隆、夏天里大雪纷纷、天与地合在一起，"乃敢与君绝"。这五种自然现象一个比一个离奇，夸张怪诞的想象，极富张力，充满了浪漫主义色彩，是女主人公对爱情大胆直接的表白。这些自然界根本不可能发生的现象，都被女主人公当作"与君绝"的条件。与其说是"乃敢与君绝",不如说是在表达"永不与君绝"。从诗歌中,我们能深切地感受到她真挚热烈、对爱情矢志不渝的感情。

《上邪》中所表现的思想内容和艺术手法对后世的文学作品产生了影响。敦煌曲子词的《菩萨蛮》中也有类似的表达:"枕前发尽千般愿,要休且待青山烂。水面上秤锤浮,直待黄河彻底枯。白日参辰现,北斗回南面。休即未能休,且待三更见日头。"该词与《上邪》一样,连续用多种不可能出现的现象来表达意愿的坚决,从中可见汉乐府对后代文学的影响力。

知识拓展

乐府这个名称,最早出现于秦代,是管理音乐的官署。汉代沿袭这一做法,仍然设立乐府。到了武帝时期,乐府得到了大规模扩建。作为专门的音乐机构,乐府负责训练乐工,制定乐谱,并从民间采集歌词。因此,后人将这些诗歌作品统称为"汉乐府"。

这首《上邪》是汉乐府民歌中的一首情歌。诗歌中通过女主人公直白热烈的表达,塑造出一位痴情女子的形象。中国历来是一个含蓄的民族,尤其是在对爱情的表达上,更是提倡"发乎情,止乎礼"。可是在民间,却有着这样勇敢大胆的女性,将自己对爱情的渴望,用坦诚真挚的情感加以表达,这无疑是令人震撼的。

中国古代也有不少和《上邪》中的这位女子一样,勇敢追求爱情的传奇女子:《西厢记》里的崔莺莺、《牡丹亭》里的杜丽娘、当垆卖酒的卓文君、怒沉百宝箱的杜十娘,还有梁祝化蝶、白蛇报恩、红拂夜奔、绿珠坠楼等故事。在这些古代文学作品和传说故事中,女性对爱情大胆表白、热切期盼,甚至还带着几分对封建伦理道德的反抗,彰显了中国古代女性追求自由爱情的强烈愿望。

5 　行行重行行

《古诗十九首》

行行重行行①，与君生别离②。
相去③万余里，各在天一涯④。
道路阻⑤且长，会面安可知？
胡马依北风，越鸟巢南枝⑥。
相去日已远⑦，衣带日已缓⑧。
浮云蔽白日，游子不顾返⑨。
思君令人老，岁月忽已晚。
弃捐⑩勿复道，努力加餐饭。

词语释义

①行行重行行：走啊走啊，不断前行。重(chóng)：又。　②生别离：活生生地分别。屈原《九歌·少司命》："悲莫悲兮生别离。"　③相去：相距，相离。去：距离。　④涯：本指水边，这里泛指另一边。　⑤阻：艰险，高低不平。　⑥胡马依北风，越鸟巢南枝：北方来的马依恋着从北方刮来的风，南来的鸟总是把巢筑在树木南侧的枝头上，借喻眷恋故乡。胡马：北方的马。越鸟：南方的鸟。　⑦远：长久。　⑧衣带日已缓：人因相思而一天天消瘦。缓：宽松。　⑨顾返：归返，回家。"顾"与"返"同义连用。　⑩弃捐：抛弃。

诗意品析

这首诗是一首思妇诗，抒发一个女子对远行丈夫的思念。东汉末年时局动荡，有多少家庭迫于无奈而妻离子散！然而距离无法阻挡深切的思念，从本诗中能感受到女主人公真挚痛苦的爱情呼唤。

首句"行行重行行"，用一个"重"字，极言路途之远，时间之久。复沓的声调，沉重的脚步，迟缓的节奏，每一步都是一种痛苦的延续。这样的心境，源自于"与君生别离"，从此将要"相去万余里，各在天一涯"，想到这些，怎能不心生悲伤，万般不舍？回家的道路坎坷、艰辛又漫长，远行在外的游子，何时能够再相见？在动荡的岁月里，死亡的危险随时都可能降临，一别之后不知归期是何期。

"胡马依北风，越鸟巢南枝"，这两句运用了比兴手法。连动物都有着眷恋故乡的本性，何况是人呢？"相去日已远，衣带日已缓"，随着日子一天天过去，离别的时间越来越久，女主人公的思念也越发深重，人也变得面容憔悴，日益消瘦。"浮云蔽白日，游子不顾返"，使用了兴的手法，浮云遮蔽了太阳，你的眼睛是不是也被他乡的新人所蒙蔽？这是长期分别之后女子内心产生的猜测和焦虑，也从侧面反映出女主人公对丈夫的思念之深。女主人公就这样日日夜夜地思念着，心情忧郁，身心憔悴，看起来人也显得苍老了。春去秋来，时光飞逝，"岁月忽已晚"，感慨相思一年又一年，也暗含着青春易逝。多想无益，与其憔悴自损，不如"努力加餐饭"，好好保重自己，期待来日相会。这里的"努力加餐饭"，不仅是对自我的安慰和鼓励，更是对远在他乡的游子的隔空问候：在外一个人，记得要按时吃饭，千万保重。

这首诗在音律节奏上重叠反复，从结构上看，从痛苦的生离别开始，到相思日益深远，再到以宽慰期待作结，以思念贯穿始终，表达了女主人公对离人无限的热恋相思。

知识拓展

《古诗十九首》是东汉末年文人创作的五言诗，并不是一人之作，也不是一时之作。南朝梁昭明太子萧统编辑《文选》时，选录了其中的十九首，称之为"古诗"，因此得名。

这十九首诗习惯上以首句作为标题：《行行重行行》《青青河畔草》《青青陵上柏》《今日良宴会》《西北有高楼》《涉江采芙蓉》《明月皎夜光》《冉冉孤生竹》《庭中有奇树》《迢迢牵牛星》《回车驾言迈》《东城高且长》《驱车上东门》《去者日以疏》《生年不满百》《凛凛岁云暮》《孟冬寒气至》《客从远方来》和《明月何皎皎》。

《古诗十九首》语言浅近自然，意蕴丰厚，反映了中下层文人的思想感情和对人生最本质、最普遍的思考，如游子思归、仕途失意、感慨人生无常、宣扬及时行乐等。刘勰在《文心雕龙》中称之为"五言之冠冕"。

6　短歌行（其一）

汉·曹操

对酒当歌①，人生几何②！
譬如朝露，去日苦多③。
慨当以慷④，忧思难忘。
何以解忧？唯有杜康⑤。
青青子衿，悠悠我心⑥。
但为君故，沉吟⑦至今。
呦呦鹿鸣，食野之苹。
我有嘉宾，鼓瑟吹笙⑧。
明明如月，何时可掇⑨？
忧从中来，不可断绝。
越陌度阡⑩，枉用相存⑪。
契阔谈䜩⑫，心念旧恩。
月明星稀，乌鹊南飞。
绕树三匝⑬，何枝可依？
山不厌高，海不厌深⑭。
周公吐哺⑮，天下归心。

词语释义

①对酒当歌：一边喝着酒，一边唱着歌。　②几何：多少。　③去日苦多：过去的日子实在是太多了，让人感到痛心。　④慨当以慷：即"慷慨"，形容宴会上的歌声慷慨激昂。　⑤杜康：相传杜康是最早造酒的人，这里代指酒。　⑥青青子衿(jīn)，悠悠我心：出自《诗经·郑风·子衿》，原指思念情人，这里借为表示对贤才的渴望。子：你。衿：衣领。青衿：古代读书人的服装，此处指代有学识的人。悠悠：绵长的样子，形容思虑连绵不断。　⑦沉吟：沉思低吟，诗中指对贤人的思慕。⑧呦(yōu)呦鹿鸣，食野之苹。我有嘉宾，鼓瑟吹笙(shēng)：出自《诗经·小雅·鹿鸣》。呦呦：鹿叫的声音。苹：艾蒿，一种植物。鼓：

诗意品析

《短歌行》是曹操的代表作之一。这首诗据说创作于建安十三年（公元208年）赤壁之战前。当时曹操已年过五十，面对战乱连年、统一天下的事业仍未完成的社会现实，苦闷和忧愁不禁涌上心头，但诗中依然能反映出他求贤纳士、建功立业的雄心抱负。

诗歌开头四句"对酒当歌，人生几何！譬如朝露，去日苦多"展现了诗人对于岁月流逝、人生蹉跎的感慨，一个"苦"字，反映出诗人对于时间易逝、功业未就的苦闷。对此，"唯有杜康"，才能暂且让人忘却烦恼。这可以视为诗歌的第一部分。

接着，诗歌第二部分以《诗经》中"青青子衿"为喻，借用诗中主人公思念情人的诗句，表达出诗人对于有才学、有能力者的渴慕。想要建功立业，离不开人才的辅助，因此他才心心念念渴望着贤才，"但为君故，沉吟至今"。"呦呦鹿鸣"四句，又是引用《诗经》中的诗句，进一步表达诗人对于人才的渴求和倾慕，若"嘉宾"来我这里，必然得到"鼓瑟吹笙"的盛情款待和重用。

"明明如月，何时可掇？"明月不仅是自然界皎洁的月亮，也是一种理想的象征，诗人的宏图伟业如同天空中的月亮，胸中抱负何时可以实现？想到这里，不由得"忧从中来，不可断绝"。第三部分，诗人又陷入了辗转曲折的

弹。 ⑨何时可掇(duō)：什么时候可以获得？掇：本指拾取，这里指得到贤士。 ⑩越陌度阡：穿过纵横交错的小路。陌：东西向的田间小路。阡：南北向的田间小路。 ⑪枉用相存：屈驾来访。枉：谦词。存：问候。 ⑫讌(yàn)：通"宴"。 ⑬匝(zā)：周，圈。 ⑭海不厌深：一作"水不厌深"。这里是借用《管子·形解》中的话："海不辞水，故能成其大；山不辞土，故能成其高；明主不厌人，故能成其众……"意即希望尽可能多地接纳人才。 ⑮周公吐哺：典出《史记·鲁周公世家》。周公礼贤下士，求才心切，吃饭时急于迎接贤士，多次吐出食物停下进食。后遂以"周公吐哺"指在位者思贤若渴，礼贤下士。曹操以此表示自己像周公一样热切地渴求贤才。

忧思之中，用词深沉悲凉。

"越陌度阡"到"何枝可依"这几句，既是自己对有识之士的热切期盼，也有对还在犹豫徘徊的贤士的劝慰。诗中运用比的手法，将仍在观望犹豫的贤士比作"乌鹊"，暗将自己比作一棵值得栖息的大树，希望可以招徕人才，共创大业。"枉用相存""契阔谈䜩""心念旧恩"，无不表现出诗人热切真诚的态度。

最后一部分，以开阔大气的慷慨之句，表现出诗人对天下人才的深切期盼和热烈欢迎，"周公吐哺，天下归心"，表示自己要像周公一样热切殷勤地接待贤才，使天下人才都乐于归顺。至此，诗中反复提到的"忧"才能真正得到解除。

全诗采用螺旋式的表达，不断展现诗人胸中壮志未酬的苦闷，又不断找到解决问题的方法，最后以"天下归心"之愿从忧愁中解脱出来，呈现出从沉郁慷慨、苍凉悲壮，到沉着稳健、激昂自信的情感变化。

知识拓展

东汉末年，是一个风云变幻的时代，政治生活的风起云涌，也掀起了文人诗坛的层层巨浪，铸就了文学史上著名的"建安风骨"。这一文学盛况出现于东汉献帝建安年间，故名"建安文学"，其代表人物有"三曹"——曹操、曹丕、曹植父子；"建安七子"——孔融、陈琳、王粲、徐干、阮瑀、应玚、刘桢。此外，还有蔡琰等。

他们的作品有着鲜明的时代性和个性，反映了动乱时代中的政治理想、民生疾苦和个人抱负，感慨人生苦短，表现出强烈的时代责任感。这也造就了建安文学"华美壮大"的艺术风格和"悲凉慷慨"的文学精神。

7 饮酒（其五）

晋·陶渊明

结庐①在人境②，而无车马喧③。
问君何能尔？心远地自偏④。
采菊东篱下，悠然⑤见⑥南山⑦。
山气日夕佳，飞鸟相与还⑧。
此中⑨有真意⑩，欲辨已忘言⑪。

诗意品析

《饮酒》是组诗，共有二十首，这是其中第五首。这首诗表现了诗人远离尘世喧嚣，追求闲适自然的生活理想。

第一句描写了诗人的生活环境和心境。把房屋建在人来人往的地方，却没有车马的喧闹。真的不受打扰吗？

第二句解答了这个疑惑：你问我如何能够做到这样，那是因为我的心远离尘世，自然就如同居住在僻静之处了。这里有一种"大隐于市"的超脱感。

第三句是最为人熟知的名句"采菊东篱下，悠然见南山"，在东篱之下采摘菊花，

词语释义

①结庐：搭建房屋。　②人境：人间，有人居住往来的地方。　③车马喧：车马的喧嚣声。　④问君何能尔？心远地自偏：这里是设问和回答，说明自己内心远离尘世，虽处喧嚣之境也如同居住在偏僻之地。君：作者自指。尔：如此、这样。　⑤悠然：闲适自得的样子。　⑥见：看见。也有人认为通"现"，意为显现。　⑦南山：泛指山林，一说指庐山。　⑧山气日夕佳，飞鸟相与还：这两句是说傍晚山色秀丽，飞鸟结伴而还。日夕：傍晚。相与：一起。　⑨此中：即此时此地的情境，指隐居生活。　⑩真意：人生的真正意义，即"迷途知返"。　⑪欲辨已忘言：想要辨识却不知怎样表达。辨：辨识。这两句是说此中

把玩于鼻端，菊花幽幽的淡香弥漫开来，令人神清气爽。悠然地抬头，见到的是静静伫立的山林层峦。这是多么令人向往的恬然宁静的生活。陶渊明钟爱菊，在他的诗作中多次出现菊的意象，菊的清雅高逸正是陶渊明超旷闲逸的人格写照。

含有人生的真义，想辨别出来，却忘了如何用语言表达。意为既领会到此中的真意，就不必言说。

天色渐晚，夕阳西落，飞鸟成群结伴地飞回山林。陶渊明在《归园田居》诗中也用到"羁鸟恋旧林"，在《归去来兮辞》中提到"鸟倦飞而知还"。作者以飞鸟归林自喻，表达厌倦官场、归隐田园的志向。他感悟到自然的真趣，却又无意言说，"欲辨已忘言"，颇有道家"得鱼忘筌""得意忘言"之意。此中妙处，只有身处其境才能体会。

全诗语言清新自然，表现出作者安贫乐道的志向，为自己远离官场和尘世的喧嚣，拥有恬静淡然的田园生活而感到愉悦。

知识拓展

陶渊明从二十九岁初涉官场，到四十一岁辞官归隐，其间三次出仕，他自称出仕的原因主要是"余家贫，耕植不足以自给"（《归去来兮辞·序》）。他最后一次出任的是彭泽县令，因"彭泽去家百里，公田之利，足以为酒，故便求之"（《归去来兮辞·序》）。

著名的"不为五斗米折腰"的故事，在沈约《宋书·陶潜传》、萧统《陶渊明传》、李延寿《南史·陶潜传》等多处文献中有记载。《晋书·陶潜传》记载："（陶渊明）素简贵，不私事上官。郡遣督邮至县，吏白应束带见之，潜叹曰：'吾不能为五斗米折腰，拳拳事乡里小人邪！'义熙二年，解印去县。"陶渊明向来生活简朴，不谄媚长官。郡里派督邮到彭泽县视察，他的下属提醒他应该穿戴正式去拜见督邮，陶渊明感慨地说："我不能为了五斗米而折腰（屈服、丧失尊严），向人献媚啊！"义熙二年（公元406年），他将印绶交还，离开了彭泽县，从此归隐田园。

古典诗词一品读

8 读《山海经》①（其十）

晋·陶渊明

精卫衔微木②，将以填沧海。
刑天舞干戚③，猛志④固⑤常在。
同物既无虑，化去不复悔。
徒⑥设⑦在昔⑧心，良辰⑨讵⑩可待！

诗意品析

陶渊明虽然时常歌咏着田园生活的恬静美好，但他的内心仍然存有壮志豪情，从他这首《读〈山海经〉（其十）》中便可管窥。

这首诗提到了《山海经》中的两个故事：

"精卫衔微木，将以填沧海。"精卫原来是炎帝的小女儿，这样一个弱小的女子，在东海中不幸溺水身亡。这是远古时代的先民对自然的崇拜与恐惧，显示了人在自然面前的渺小和无助。精卫死后化身为一只小鸟，周而复始地衔着"微木"，试图将"沧海"填为平地。这正是表现了原始人类勇于抗争大自然的精神、坚强的意志和不懈的努力。

词语释义

①《山海经》：成书于战国至秦汉之间的一部古籍，记载了民间传说中的山川道里、风土物产等多方面的知识，还记述了脍炙人口的远古神话，如夸父逐日、精卫填海、大禹治水等。 ②精卫衔微木：精卫叼着小树枝。精卫：古代神话中鸟名。据《山海经·北山经》记载，精卫原是古代炎帝的小女儿，游于东海溺水而亡，她的魂魄化为精卫鸟，常衔木石以填东海。衔：用嘴叼。微木：小树枝。 ③刑天舞干戚：刑天挥舞着盾牌和大斧。刑天：古代神话人物名。据《山海经·海外西经》记载，刑天因与黄帝争权，失败后被砍去了头，埋在常羊山下，但他不甘屈服，以两乳为目，以肚脐为嘴，仍然挥舞着盾牌和大斧抗争不止。

"刑天舞干戚，猛志固常在"，这又是一个壮烈的故事。猛将刑天在战斗中失败，被对手砍下头颅，却依然不屈不挠，以两乳为目，以肚脐为嘴，奋勇地"舞"着盾牌和大斧斗争不息。这样一位悲剧式的英雄人物，他顽强斗争的精神是多么可歌可泣！

干：盾牌。戚：大斧。 ④猛志：勇猛的斗志。 ⑤固：坚定地。 ⑥徒：徒然、白白地。 ⑦设：抱有。 ⑧在昔：过去。 ⑨良辰：实现壮志的好日子。 ⑩讵：表示反问，岂。

"同物既无虑，化去不复悔"，虽然精卫和刑天都从有生命之物而化为异物，但生和死只是不同形式而已。这两个神话中的人物都有着同样的品格，即不管是面对自然的灾难，还是人力的压迫，他们都以不屈的意志抗争着，这无疑是值得歌颂的。"徒设在昔心，良辰讵可待"，精卫与刑天都抱着昔日的猛志，并付诸行动，却未能等到如愿以偿之时。这一句既感叹他们未能得偿所愿，也赞扬了他们虽死无悔、敢于反抗的精神。

这首诗写法独特，笔力遒劲，"填沧海""舞干戚""猛志""固常在"等词流露出豪放之情，将自我的悲情融于文字中的形象，传递出失意悲愤又不屈抗争的复杂情感。这不同于陶渊明那些淡然悠闲的田园诗，也就是鲁迅先生说的，是陶诗除温文尔雅外的另一种"金刚怒目"式的作品。

知识拓展

除了精卫填海和刑天舞干戚，《山海经》中还记载了不少神话人物和神话故事。

夸父逐日：夸父与太阳赛跑，一直追到太阳落下的地方，感到口渴，就到黄河、渭河喝水。黄河、渭河的水不够，夸父又去北方大湖喝水，还没到大湖，就在半路渴死了。夸父丢下的手杖，化成了一片桃林。——《海经·海外北经》

鲧禹治水：洪水滔天，鲧盗取了天帝的息壤（能生长不息的土壤），来堵塞汹涌的洪水，因此违抗了天命。天帝命令祝融在羽山的近郊将鲧杀死。鲧从肚子里生出禹。天帝于是下令让禹率领部下用土壤填铺洪水来安定九州。——《海经·海内经》

西王母：嬴母之山西北三百五十里处有一座山名叫玉山，传说那是西王母居住的地方。西王母面孔长得像人，长着豹子的尾巴、老虎的牙齿，善于长呼短啸，头发蓬松，头上戴着玉琢的华胜，是替天展现威猛严厉的形象及降临五种灾害的神祇。——《山经·西山经》

9 寄王琳①

南北朝·庚信

玉关②道路远，金陵③信使④疏。
独下千行泪，开君⑤万里书⑥。

诗意品析

《寄王琳》是一首寄赠小诗。全诗语言质朴，感情真挚，虽短短二十字，却包蕴着诗人的故国之思，以及与王琳间的深情厚谊，可谓深沉含蓄，催人泪下。

起首的"玉关道路远，金陵信使疏"中，"玉关"与"金陵"、"道路远"与"信使疏"对仗工整，不仅言明了诗人与王琳分仕北朝和南国，相隔遥远、音讯难通的艰难时世，而且潜隐着诗人收到故人来信的惊喜之情，为下句的情感喷薄做了有效铺垫。

"独下千行泪，开君万里书"中，"万里书"与"千行泪"相对，借助夸张手法，凸显此信的来之不易，又与起首两句的"道路远"和"信使疏"照应，构思紧密且巧妙。流泪启信的细节，生动再现了诗人悲喜交集、感慨万千的复杂心情。"独"这一字，更是蕴意深厚，道出了其身在异邦的孤独苦闷感受。彼时的庚信，虽被北周朝廷赏识，在长安坐拥高官厚禄，但从未忘记故国之耻，他暗中与王琳通信，以期回归南朝。只是政治环境如此险恶复杂，他不能直言乡关之思和南归之意，唯有通过诗文婉转曲折地表露心声。

知识拓展

庚信（公元513年—公元581年），字子山，小字兰成，南阳新野（今属河南省）人，南北朝时期著名诗人。他自幼聪敏绝伦，常跟随父亲庾肩吾出入于梁朝宫廷，与宫廷文人唱酬应和、恣意欢娱，后又与徐陵一起担任萧纲的东宫学士。其早期诗作多是绮艳流丽、辞采华美的宫体诗。

侯景叛乱时，庾信逃往江陵，辅佐梁元帝。之后，四十二岁的庾信奉命出使西魏。在此期间，梁为西魏所灭。庾信因诗文盛名，先后得到西魏和北周重用，曾官至骠骑大将军、开府仪同三司，故世有庾开府之称。但远离故土的思乡之情，连同身仕敌国的羞愧之意，再加不得自由返回的怨愤，使得其内心抑郁难平。他后期的诗歌创作也随之大变，浓厚的乡关之思和羁官北国的悲愤感情成为诗作的主体内容。他喜用叠句和典故，诗风苍劲悲凉，有沉潜厚重之风。杜甫《戏为六绝句》中的"庾信文章老更成，凌云健笔意纵横"便是对其后期风格的绝妙概括。

10 子夜歌① （三首）

南朝民歌

其一
始欲识郎时，两心望如一②。
理丝③入残机④，何悟⑤不成匹⑥。

其二
谁能思不歌？谁能饥不食？
日冥⑦当户倚，惆怅底⑧不忆？

其三
侬⑨作北辰星⑩，千年无转移。
欢行白日心，朝东暮还⑪西。

诗意品析

《子夜歌》是《乐府诗集》中一组著名的爱情歌曲，共计四十二首，这里仅选取了其中三首。第一首旨在表达一对互相爱恋的青年男女不能结成姻缘的痛苦。第二首描摹了一位女子对情人的浓烈思念和爱慕。第三首抒发的则是女子失恋后的怨恨心理。

　　这三首诗皆为五言四句，语言通俗简练，或运用巧妙有趣的双关隐语，或运用形象的比喻，生动活泼地表现出各色女子对于不同情感的追求和慨叹，充分体现出南朝民歌清新自然的风格。

▌知识拓展▐

　　吴声歌曲是由乐工采集的吴地民间歌谣，反映了城市中下层市民的思想情感，他们自发地用大胆率真的语言来表达情感。谐音双关是南朝乐府民歌的常见修辞手法。虽然，在此前后的民歌或者文人创作中也会用到谐音双关，但数量上没有这般集中和宏大，亦没有其闻音即晓义的清新自然和奇妙易懂。南朝乐府诗中的谐音双关字一般可分为两类：其一，同声异字以显意，如"藕"为配偶之"偶"，"丝"为相思之"思"，"莲"为怜爱之"怜"等；其二，同声同字以显意，譬如以布匹之"匹"为匹偶之"匹"，以消融之"消"为消瘦之"消"等。

11 陇头歌辞^①（三首）

北朝民歌

其一

陇头^②流水，流离山下。念吾一身，飘然旷野。

其二

朝发欣城^③，暮^④宿^⑤陇头。寒不能语，舌卷入喉^⑥。

其三

陇头流水，鸣声呜咽。遥望^⑦秦川^⑧，心肝断绝。

诗意品析

《陇头歌辞》（三首）是一组主题相同的北朝民歌，三首诗分别从征人的形态、神态、心灵三个不同角度，摹写北方人民服兵役的艰苦生活和对故乡的深切思恋，格调苍凉悲壮。

本诗在内容上层层深入，痛切地再现了

词语释义

①陇头歌辞："梁鼓角横吹曲"之一。《乐府诗集》载三首，写游子漂流在外的痛苦心情。　②陇头：陇山顶上。古代陇山指六盘山，位于今甘肃、陕西、宁夏三省区交界处，主脉在今甘肃省境内。　③欣城：具体地点不详，可能指现在镇原县的"新城"，"新"与"欣"同音。新城距平凉不远，距陇山东麓也仅一百多里。　④暮：傍晚。　⑤宿：投宿，住宿。　⑥寒不能语，舌卷入喉：形容六盘山一带十分严寒，舌头都冻得卷进了喉咙里，不能说话。语：说话。　⑦遥望：远眺，即向东远望。　⑧秦川：在今陕西省中部，此处代指"故乡"，指陇山以东广大地区，不一定指中原或关中地区。

服役者不幸的遭遇、征途的艰苦和悲愤的心情。第一首是漂泊者的哀歌，以陇头流水起兴，"流离"二字语带双关，既指流水离开陇山，又指漂泊者的颠沛流离，实现了主观情感与客观景物的和谐统一。第二首写羁旅行役之苦，以"寒"字为主线，生动地写出了征途的各种苦楚。第三首是征人的感伤之歌，远离家园，征戍在外，生死难料，与亲人团聚根本就是奢望。

语言形式上，三首都是接近民间口语的四言诗，语言朴实，通俗易懂。就表现手法而言，则是情景交融，感情真挚，无论写景、叙事还是抒情，皆自然流畅，毫无雕琢做作之痕。尤其是第三首，不仅有声、景、情的交融，而且用拟人化手法将陇头流水刻画得"如泣如诉"。同时，借征人之耳目与心声，将近景的陇头流水，与远景的秦川巧妙联结，自然地渲染出令人肝肠寸断的强烈情感。

知识拓展

北朝民歌指北魏以后用汉语记录的北方民间曲辞，产生于黄河流域，作者主要是鲜卑族人民，也有氐族、羌族和汉族人民。这些曲辞主要收录在《乐府诗集》中，今存七十多首，以《木兰诗》和《敕勒歌》最为著名。民歌内容丰富，北地的战乱、尚武精神、人民疾苦、婚姻爱情生活以及北方风光等皆可入诗。民歌语言质朴、风格豪放，行文以五言四句为主，也有七言四句的七绝体、七言古体及杂言体，对唐代诗歌的发展影响颇大。

因其创作主体为少数民族人民，再加上地理环境及社会现实的制约，北朝民歌的少数民族特色非常鲜明。具体而言，生活在北朝的少数民族，没有中原汉族那种繁缛的礼教约束，也没有严重压抑人性的森严等级统治，在感情表现上比较坦率真诚。正因如此，北朝民歌以直率粗犷见长，鲜有南方民歌的婉转缠绵情调。此外，草原游牧生活以及各部族间不断攻战侵伐，既形成了他们贵壮尚武、尊强崇健的美学理想和追求，又培养了他们一种特有的高亢激越、豪迈奔放的民族情怀。

12 在狱咏蝉

唐·骆宾王

西陆①蝉声唱，南冠②客思侵。
那堪③玄鬓影④，来对白头吟⑤。
露重飞难进，风多响易沉。
无人信高洁，谁为⑥表予心⑦。

诗意品析

此诗作于唐高宗仪凤三年（公元678年）。骆宾王授长安主簿，旋迁侍御史，因上疏论事触忤武则天，遭到诬陷，以贪赃罪名下狱，在狱中写下了这首诗。全篇感情充沛，取譬明切，用典自然，语多双关，以蝉比兴，以蝉寓己，于咏物中寄情寓兴，达到了物我一体的境界，是咏物诗中的名作。

起首两句，对偶和起兴联用，用触耳惊心的秋蝉高唱衬托狱中诗人的家园怀想。三四两句，一句说蝉，一句说自己，用"那堪"和"来对"构成流水对，将物我连为一体，寄托自己的老大伤悲。同时，又巧妙地嵌入"白头吟"典故，借用

词语释义

①西陆：指秋天。古代把地球绕太阳公转的轨道分为东陆、南陆、西陆、北陆四个方位，把太阳位于这四个区间的时间分别与春、夏、秋、冬四季对应，西陆对应秋天。　②南冠：楚冠，代指囚徒。据《左传·成公九年》载楚钟仪戴着南冠被囚于晋国军府事。　③那堪：一作"不堪"。　④玄鬓影：指蝉，发髻梳得薄如蝉翼，看上去像蝉的影子，因而用以指代蝉。玄，黑色，与下句"白头吟"对应。⑤白头吟：乐府曲名。西汉刘向《西京杂记》记载，司马相如后来对卓文君爱情不专，卓文君作《白头吟》要与他断绝关系。后世多用此调写妇女被遗弃或失去别人的欢心。据《乐府诗集》解题，鲍照、张正见、虞世南以此为题的各诗，都是感伤自己清白正直却遭诬谤。　⑥为：向。　⑦予心：我的心。

"白头吟"的双关寓意，进一步比喻执政者辜负了诗人对国家的满腔忠贞。短短十个字中，诗人凄恻的感情，被委婉曲折地表达了出来。

五六两句，纯用"比"体。"露重""风多"比喻环境的压力，"飞难进"比喻政治上的不得意，"响易沉"比喻言论上的受压制。蝉如此，诗人也如此，两句中无一字不在说蝉，也无一字不在说自己，物我完全融为一体。

第七句仍用"比"体。秋蝉高居树上，餐风饮露，却没有人相信它不食人间烟火。诗人以此喻指自己的高洁品性，不但不为当时人所了解，反而还遭诬陷入狱。

▌知识拓展▌

骆宾王，唐代诗人，约生于公元640年，卒年不详，字观光，婺州义乌（今属浙江省）人。七岁能诗，号称"神童"。他的五律精练工整，不在沈佺期、宋之问之下，尤其擅长七言长歌。他的诗文与同时代的王勃、杨炯、卢照邻齐名，世称"王杨卢骆"，即"初唐四杰"。

公元684年，武则天废中宗自立。同年9月，徐敬业（即李敬业）在扬州起兵讨伐武氏。那时骆宾王为徐府艺文令，掌管文书机要事宜。他起草的《讨武氏檄》（即《代李敬业传檄天下文》），言辞慷慨激昂，有气吞山河之势，很快便流布天下。据传武则天读至"一抔之土未干，六尺之孤何托"时，惶恐不安地问："谁为之?"并慨叹"宰相安得失此人?"11月，徐敬业兵败，骆宾王下落不明。

13 送杜少府①之②任蜀州③

唐·王勃

城阙辅三秦④，风烟望五津⑤。
与君离别意，同是宦游⑥人。
海内⑦存知己，天涯若比邻⑧。
无为在歧路⑨，儿女共沾巾⑩。

诗意品析

古代的许多送别诗，大都是"黯然销魂"的，而王勃的这一首，却一洗悲酸之态，意境开阔，气象博大，表达了友人间真挚深厚的友情。

首联写诗人在长安送友人到四川，可诗句并不说离别，而是先写送别之地长安城阙高耸，被辽阔的三秦之地所护卫。一个"辅"字，突出视野的阔大和气势的雄浑。接着写友人"之任"的蜀地。"五津"遥不可及，诗人巧用一个"望"字，联系秦蜀两地，不仅暗示了惜别之意，而且拓宽了读者的视野，也在心理上拉近了两地的距离，使人感觉到既然"五津"可望，那就不必为离别而忧伤。这一开笔创造出

词语释义

①少府：官名。　②之：到，往。　③蜀州：今四川省崇州市。　④城阙(què)辅三秦：这句是倒装句，意思是三秦护卫着京城长安。城阙：即城楼，指唐代京城长安。辅：护卫。三秦：指长安城附近的关中之地，在今陕西省潼关以西一带。秦朝末年，项羽破秦，把关中分为雍、塞、翟三国，分别封给三个秦国的降将，所以称三秦。　⑤五津：指岷江的五个渡口，即白华津、万里津、江首津、涉头津、江南津，这里泛指蜀川。　⑥宦(huàn)游：出外做官。　⑦海内：四海之内，即全国各地。古代人认为我国疆土四周环海，所以称天下为四海之内。　⑧比邻：并邻，近邻。　⑨歧(qí)路：岔路。古人送行常在大路分岔处告别。　⑩沾巾：泪水沾湿衣服，意思是挥泪告别。

雄浑壮阔的气象，使人有一种天空寥廓、意境高远的感受，为全诗锁定了豪壮的感情基调。

领联回切主题，写离别情意。一句"同是宦游人"，带有多重深意，丰富了诗歌的内涵。既可以理解为，你我都是因仕宦而漂泊的身不由己之人，此地一别，能否再聚，渺不可知，令人哀伤；也可以理解为，诗人用相同的处境宽慰友人，为官者的上任、调离，实在是平常的事，又何必伤别离，藉以减轻他的悲凉和孤独之感。

颈联描写的境界又从狭小转为宏大，情调从凄恻转为豪迈。真正的知己体现的是人与人之间在精神、心灵上最深刻的相通和默契。有了这样的知己，只要同在四海之内，就是天涯海角也如同近邻一般，一秦一蜀又算得了什么呢？这句诗既表现了诗人乐观宽广的胸襟和对友人的真挚情谊，也道出了诚挚的友谊可以超越时空界限的哲理，给人以莫大的安慰和鼓舞，因此成为远隔千山万水的朋友之间表达深厚情谊的不朽名句。

尾联"无为在歧路，儿女共沾巾"，慰勉友人不要像青年男女一样，为离别泪湿佩巾，而要心胸豁达，坦然面对。这既是对朋友的叮咛，也是自己情怀的吐露。

这首诗四联均紧扣"离别"意旨起承转合，不仅展现了离情别意及友情，而且全诗具有深刻的哲理、开阔的意境、高昂的格调，不愧为古代送别诗中的上品。

知识拓展

王勃（公元649年—公元676年），唐代诗人，字子安，绛州龙门（今山西省河津市）人。文辞与杨炯、卢照邻、骆宾王齐名，并称"初唐四杰"。其散文《滕王阁序》颇有名气。

王勃在写《滕王阁序》的时候，流传下"一字千金"的故事。

公元667年重阳节，为庆祝滕王阁新修成，洪州都督在滕王阁大摆宴席，邀请远近文人学士为滕王阁题诗作文，恰逢王勃路过南昌，也在邀请之列。在宴会中，王勃挥毫写下了流传千古的《滕王阁序》。写完后，王勃匆匆离席。

洪州都督看了王勃写的序文，被他的文采打动。惊叹之余，却突然发现文中空了一个字，"阁中帝子今何在？槛外长江__自流。"他只好请旁观的文人学士们补上一字。众人你一言我一语，有的说一定是"独"字，有的说应该是"船"字，也有的说是"水"字。洪州都督听了觉得都不能让人满意，说："独字太浅，不合王郎诗境；船字太俗，不足论；水字太露，毫无诗意。"于是，他下令"快马追王郎，千金求其一字"，请王勃把落下的字补上来。

衙卫快马加鞭，追上王勃，说明来意。王勃笑道："王勃岂敢戏弄都督大人！空者，空也。阁中帝子今何在？槛外长江空自流。"众人听闻此字，赞不绝口："妙哉！好一个'空'字！"洪州都督也是拍案叫绝："'阁中帝子今何在？槛外长江空自流。'这个'空'字用得妙，万千感慨，尽在这个'空'字上。"又忍不住赞道："这一字确值千金，此人真不愧为当今奇才啊！"

14 渡汉江

唐·宋之问

岭外①音书②断，经冬复历③春。
近乡情更怯，不敢问来人④。

诗意品析

一个被贬离家的游子，能踏上归途，心情肯定欣喜万分，可是诗人却偏说"近乡情更怯"，乃至不敢向碰到的人询问家乡的消息，这是为何？

词语释义

①岭外：指五岭以南的今广东省广大地区，通常称岭南。唐代常作罪臣的流放地。 ②书：信。 ③历：经过。 ④来人：渡汉江时遇到自家乡来的人。

要解开这一疑团，就要分析诗歌前两句。从前两句可知，诗人被贬后，与家人久断音讯，内心必然充满不安和疑惧，这就是看似违反常理的"情更怯"之原因所在。空间的阻隔，时间的推移，使这种不安和疑惧，日趋沉重地郁结在诗人的心头。渡过汉水，离乡日近，诗人心中的怯意也越来越深重。

因近乡情怯，所以才会"不敢问"。诗人离乡日久，想尽早知道家人的消息是人之常情。这种想问而又不敢问的矛盾心理，更深地反映出诗人焦虑痛苦的心情。当然，这种独特的生活体验，不会人人都有，这种特殊微妙的心理状态，却是大家都能理解的，故此诗情真意切，耐人咀嚼。

知识拓展

初唐诗人宋之问，有很多名句佳作流传后世，只可惜他的人品太过低劣。民间流传着一个他因诗杀人的故事。宋之问有个外甥名叫刘希夷，也是一位诗人。有一次，刘希夷写了一首题为《代悲白头翁》的诗，诗中有一句"年年岁岁花相似，岁岁年年人不同"，此句尽管质朴，但韵味非常，又蕴含着无穷的道理。宋之问特别喜欢，便让外甥将这首诗让给自己。面对舅舅的请求，刘希夷起初答应了，可不久又反悔了，因为他实在难以放弃自己创作的佳句。宋之问恼羞成怒，为了将此诗据为己有，竟然命令家奴用土袋将自己的亲外甥活活压死，可怜才华横溢的刘希夷三十岁不到就去世了。

15 独不见①

唐·沈佺期

卢家少妇②郁金堂③，
海燕④双栖玳瑁⑤梁。
九月寒砧⑥催木叶，
十年征戍忆辽阳⑦。
白狼河⑧北音书断，
丹凤城⑨南秋夜长。
谁谓⑩含愁独不见，
更教⑪明月照流黄⑫?

诗意品析

《独不见》为拟古乐府而成的七律，刻画了一位对远戍丈夫刻骨相思的闺中贵妇形象。诗人以委婉缠绵的笔调，描述女主人公在寒砧处处、落叶萧萧的秋夜，身居华屋之中，心驰万里之外，辗转反侧，久不能寐的孤独愁苦情状。全诗辞藻华美典雅，情景结合，意境鲜明。

开头两句以浓墨重彩之笔夸张地描摹女主人公的闺房之美：四壁以郁金香和泥涂

词语释义

①独不见：乐府古题，属《杂曲歌辞》。 ②卢家少妇：本名莫愁，为梁武帝萧衍《河中之水歌》诗中人物，后泛指少妇。 ③郁金堂：以郁金香料涂抹的堂屋。 ④海燕：又名越燕，燕的一种。因产于南方滨海地区(古百越之地)而得名。 ⑤玳瑁(dài mào)：海生龟类，背甲有黄褐色相间花纹，可做装饰品。 ⑥寒砧(zhēn)：指捶衣声。砧：捶衣用的垫石。古代妇女为赶制寒衣，常在秋夜捶打衣料使之变软，故古诗中常借捶衣声表达思妇怀念征夫之情。 ⑦辽阳：辽河以东，泛指辽东地区。 ⑧白狼河：今辽宁省境内的大凌河。 ⑨丹凤城：指长安。相传秦穆公女儿弄玉吹箫，引来凤凰，故称咸阳为丹凤城，后以京城

饰，顶梁也用玳瑁壳装点，无比芬芳华丽。"双栖"为比兴，用梁上海燕相互偎依的柔情蜜意，反衬思妇的形单影只。"寒砧催木叶"，造句奇警，本为萧萧落叶催人捣衣而砧声不止，诗人却故意主宾倒置，以渲染砧声所引起的心理反响。事实上，正是寒砧声和落叶声的汇集交织催动了闺中少妇的相思，她的内心分外空虚、寂寞和愁苦。

称为丹凤城。⑩谁谓：谓一作"为"，即"为谁"。⑪更教（jiāo）：更使。教：意为使。⑫流黄：黄紫色相间的丝织品，此指帷帐。亦有将其解释为"衣裳"的说法。

颈联中"白狼河北"与上联的"辽阳"照应。夫婿已征战十年，至今还是音讯全无。他的吉凶与归期全是未知，茫茫未卜之中，怀念都无从着落。因此，这位秋夜空闺的思妇，在孤独、寂寥、思念、盼望之时，更多的是担心、忧虑和惶恐不安。愈思愈愁，愈想愈怕，以至于不敢想象了。上联的"忆"字，在这里有了更深一层的表现。

其实，前六句全是诗人充满同情的描述，结尾两句"谁谓含愁独不见，更教明月照流黄？"则转为女主人公愁苦已极的独白，不胜其愁的她已然迁怒于明月了。整体而言，此诗构思新巧，人物心情与环境气氛密切结合，反面烘托、正面映照与多角度抒写配合无间，使得女主人公"思而不得见"的愁情跃然纸上。此诗虽取材于闺阁生活，语言也稍有齐梁以来的浮艳习气，却显得境界广远，给读者以气势飞动之感。

知识拓展

沈佺期（约公元656年—公元713年），字云卿，相州内黄（今属河南省）人，唐代诗人。诗与宋之问齐名，并称"沈宋"。他们创作的五言、七言近体诗谨严精密，是"沈宋体"的典范，对五言、七言律诗体制的定型也影响颇大。

"沈宋体"，是指当时以沈宋诗为规范，基本以奉和应制、侍从游宴为内容，形式上追求平仄谐调、对仗工整、词采精丽的五言、七言律诗。代表作有沈佺期的《仙萼亭初成侍宴应制》（五律）、《奉和春日幸望春宫应制》（七律）以及宋之问的《麟趾殿侍宴应制》（五律）、《奉和春初幸太平公主南庄应制》（七律）等。

16 感遇（其二）

唐·陈子昂

兰若①生春夏，芊蔚②何青青！
幽独空林色，朱蕤③冒④紫茎。
迟迟白日晚，袅袅秋风生。
岁华尽摇落⑤，芳意⑥竟何成！

词语释义

①兰若：指香兰和杜若，都是香草。　②芊蔚：草木茂盛。　③朱蕤(ruí)：红色的花。蕤：花草下垂的样子。　④冒：覆盖。　⑤摇落：本指花草凋残，零落，这里指岁月流逝。　⑥芳意：本指美丽的鲜花，这里借指理想抱负。

诗意品析

《感遇》是陈子昂所写的以感慨身世及时政为主旨的组诗，共三十八首，本诗为其中的第二首。诗中作者以"兰若"自比，寄托了个人的身世之感。前两句赞美香兰和杜若在幽静孤寂环境中的美丽风姿："兰若生春夏，芊蔚何青青！"秀丽芬芳的香兰和杜若，在春夏之际生长，它们蓊蓊郁郁，生长得非常茂盛。"幽独空林色，朱蕤冒紫茎。"在空无人迹的山林之中，有这么幽雅清秀、空绝群芳的景致：朱红色的花冠下垂，覆盖着紫色的茎。

然而，无论多美的事物，最终都将要凋零。"兰若"也是如此。"袅袅秋风生"，秋天到了，寒风骤起，于是"岁华尽摇落"，春夏秀丽多姿的鲜花在风霜的肆虐下枯萎凋谢了。面对此景，诗人不禁发出一句反问："芳意竟何成？"这里的"岁华""芳意"是双关语，借花草之凋零，透露出自己韶华易逝，报国无门、壮志难酬的苦闷，抒发了芳华易失、时不我待的感慨。

陈子昂颇有政治才干，但屡受排挤压抑，报国无门，四十一岁为射洪县令所害。这不就像"兰若"一般，在风刀霜剑的摧残下枯萎凋谢了吗？

▌知识拓展 ▌

陈子昂是个有抱负的青年，尽管才华横溢，但资历尚浅，了解他的人寥寥无几。一天，他在长安街头看见一人卖胡琴，价钱竟高达百万钱。这价格令不少买主望而却步，陈子昂却眉头也不皱，一下把钱掏出来，把天价胡琴买了下来。不仅如此，陈子昂还告诉大家，说自己就住在附近，请大家明天来看他弹奏胡琴，供应酒食，并请京师名流到场互动云云。因有免费酒食，又能见到名人，众人奔走相告，一时巷闾皆知。

第二天早上，陈子昂住处人山人海，人们来赴音乐会，蹭酒食，顺便看热闹。待众人酒足饭饱，陈子昂走到胡琴前，慷慨陈言："我陈子昂，赋诗作文百余卷，从四川来到京师，默默无闻。我哪懂弹什么琴，只想让世人知道我的诗赋，知道我陈子昂而已！"言罢他将胡琴举起，砸个稀烂！

接着，陈子昂就向来客推介他自己的作品。

"砸琴论文"一事之后，陈子昂的名字一下子便在长安城传开了，他的锦绣诗文也迅速流传开去。

17 春江花月夜

唐·张若虚

春江潮水连海平，海上明月共潮生。
滟滟①随波千万里，何处春江无月明。
江流宛转绕芳甸②，月照花林皆似霰③。
空里流霜④不觉飞，汀⑤上白沙看不见。
江天一色无纤尘⑥，皎皎空中孤月轮⑦。
江畔何人初见月，江月何年初照人？
人生代代无穷已⑧，江月年年望相似⑨。
不知江月待何人，但见⑩长江送流水。
白云一片去悠悠⑪，青枫浦⑫上不胜愁。
谁家今夜扁舟子⑬，何处相思明月楼⑭？
可怜楼上月徘徊⑮，应照离人⑯妆镜台⑰。
玉户⑱帘中卷不去，捣衣砧⑲上拂还来。
此时相望不相闻⑳，愿逐㉑月华㉒流照君。
鸿雁长飞光不度，鱼龙潜跃水成文㉓。
昨夜闲潭㉔梦落花，可怜春半不还家。
江水流春去欲尽，江潭落月复西斜。
斜月沉沉藏海雾，碣石㉕潇湘㉖无限路㉗。
不知乘月㉘几人归，落月摇情㉙满江树。

词语释义

① 滟滟：波光荡漾的样子。　② 芳甸：芳草丰茂的原野。　③ 霰（xiàn）：天空中降落的白色不透明的小冰粒。形容月光下春花晶莹洁白的样子。④ 流霜：飞霜，古人以为霜和雪一样，是从空中落下来的，所以叫流霜，在这里比喻月光皎洁。　⑤ 汀：水边的沙滩。⑥ 纤尘：微细的灰尘。⑦ 月轮：指月亮，因为月圆时月亮像车轮，所以称为月轮。⑧ 穷已：穷尽。　⑨ 江月年年望相似：一作"江月年年只相似"。　⑩ 但见：只见，仅见。⑪ 悠悠：渺茫，深远。⑫ 青枫浦：地名，今湖南省浏阳市境内有青枫浦。这里指遥远的水边。浦：水边。⑬ 扁舟子：飘荡江

诗意品析

全诗以月为主体，紧扣春、江、花、月、夜的背景来写，按照景、情、理依次展开。诗中平仄交错运用，一唱三叹，前呼后应，可谓声情与文情丝丝入扣，婉转谐美。在月的照耀下，江水、沙滩、天空、原野、枫树、花林、飞霜、白沙、扁舟、高楼、镜台、砧石、长飞的鸿雁、潜跃的鱼龙、不眠的思妇以及漂泊的游子，组成了完整的诗歌形象，展现出一幅充满人生哲理与生活情趣的画卷，凸显出了春江花月夜的清幽意境美。

诗人开篇点题，勾勒出了一幅春江月夜的壮丽画面：江潮连海，月共潮生。紧接着又用细腻笔触，描摹出了明月朗照下的春江、原野、异花，巧妙地织就了"春江花月夜"之题面，并尽显其幽静恬淡之美。起首八句，由大到小，由远及近，笔墨逐渐凝聚于一轮孤月之上。

湖的游子。扁舟：小舟,孤舟。 ⑭明月楼：月夜下的闺楼。这里指闺中思妇。 ⑮月徘徊：指月光移动。 ⑯离人：此处指思妇。 ⑰妆镜台：梳妆台。 ⑱玉户：形容楼阁华丽,以玉石镶嵌。 ⑲捣衣砧：捣衣石,捶布石。 ⑳相闻：互通音信。 ㉑逐：追随。 ㉒月华：月光。 ㉓文：通"纹"。 ㉔闲潭：幽静的水潭。 ㉕碣(jié)石：山名,在今河北省昌黎县北。 ㉖潇湘：湘江与潇水,在今湖南省境内。 ㉗无限路：极言离人相距之远。 ㉘乘月：乘着月光。 ㉙摇情：激荡情思,如同"牵情"。

"江畔何人初见月，江月何年初照人？"诗人笔锋一转，从摹景生发深思，开始了人生哲理与宇宙奥秘的探索。更值得激赞的是，张若虚没有陷入宇宙永恒、人生短暂的哀伤绝望窠臼，而是焕发出了新的省思。"人生代代无穷已，江月年年望相似。"个体生命虽短暂易逝，人类的存在却绵延久长，故而"代代无穷已"的人生就和"年年望相似"的明月得以永久共存。虽然诗人对人生短暂亦有些许感伤，却没有颓废与绝望，只因他的感伤是缘于对人生的追求与热爱。全诗"哀而不伤"的基调，得以奠定。

"不知江月待何人，但见长江送流水"，紧承上一句的"望相似"。随着江水流动,诗篇波澜又生。江月有恨,流水无情,诗人自然地将笔触由上半篇的大自然景色挪移到了人生图景中,开启下半篇男女相思的离愁别恨。

"白云"统领的四句总写在春江花月夜中思妇与游子的两地思念之情。"可怜"统领的八句紧承"何处"句而来,写思妇对离人的怀念。诗人将"月"拟人化,用"月"来烘托思妇的怀念之情,悲泪自出。"徘徊"二字极其传神,为给思妇做伴、解愁,月将柔和的清辉挥洒在妆镜台、玉户帘、捣衣砧上。岂料思妇触景生情,反而思念尤甚,以至于想要赶走这恼人月色。可是月色恋她太深,"卷""拂"两个痴情动作,生动地折射出思妇内心的惆怅和迷惘。共望月光,遥寄相思成为思妇无奈的选择。

最后八句写游子。诗人借用落花、流水、残月烘托游子的思归之情。江潭落月,衬托出游子凄苦的寂寞之情。沉沉海雾、碣石、潇湘,天各一方,道路遥远,不断加重渲染了他的孤寂。

末尾一句中,"摇"字最值得关注,"月华摇晃,树影婆娑,人心起伏,月摇,树摇,人心亦在摇"。诗人在江边站至夜深,江风骤起,岸上树木随风起舞,好像是在代替谁回应着他的思念,也好像是因为树枝沉甸甸地挂满了他的思念,于是心不自觉地悸动起来,再也无法平静。

知识拓展

张若虚(约公元660年—公元720年),扬州(今属江苏省)人,唐代诗人。与贺知章、张旭、包融齐名,并称"吴中四士"。他的诗现在仅存两首,以《春江花月夜》最为著名,有"以孤篇压倒全唐"之美誉。诗中关于音韵、场景的描写对词、曲等多种文学形式,都有着不同程度的影响,这也奠定了张若虚在中国文学史上的坚实地位。

"春江花月夜"是乐府《清商曲辞·吴声歌曲》旧题,作为诗文题目,创制者是谁众说纷纭,但就艺术成就和诗文盛名而言,张若虚则是当之无愧的第一人。撇开诗文,回到原初,《春江花月夜》其实是一首琵琶古曲。金建民在《民族音乐宝库中的珍品——〈春江花月夜〉简说》中介绍,该曲原名《夕阳箫鼓》,又名《浔阳琵琶》《浔阳夜月》或《浔阳曲》,当下流传的最早乐谱是1875年的手抄本。约在1925年,上海大同乐会首次将它改编为民乐合奏曲，借唐朝乐府题名，将它更名为《春江花月夜》，并依据曲名和意境，分十个小标题提示乐曲内容。中华人民共和国成立后，它又被多次整理完善，深受国内外听众喜爱。各段音乐采用具有民族特色的循环展衍、递升递降等手法发展而成，是一首"合尾式变奏曲"。全曲如同一幅色彩柔和、工笔细致、千姿百态的山水长卷，引人入胜，动人肺腑。

18 望月怀远①

唐·张九龄

海上生明月，天涯共此时。
情人②怨③遥夜④，竟夕⑤起相思。
灭烛怜⑥光满，披衣觉露滋⑦。
不堪盈手⑧赠，还寝梦佳期。

词语释义

① 怀远：怀念远方的亲人。　② 情人：多情的人。　③ 怨：抱怨。　④ 遥夜：长夜。　⑤ 竟夕：通宵，即一整夜。　⑥ 怜：爱。　⑦ 滋：湿润。　⑧ 盈手：意为双手捧满。

诗意品析

这首诗是望月怀思的名篇，是诗人背井离乡、望月思念亲人时所作。全诗语言浑然天成而不露痕迹，情意缠绵而不见感伤，意境幽静秀丽，情景交融，感人至深。

首联中，起句"海上生明月"，于平淡无奇中见雄浑阔大；次句"天涯共此时"，由景入情，转入"怀远"。颔联中，以"怨"字为中心，"情人"呼应"相思"，"遥夜"对应"竟夕"，上承起首两句，一气呵成。颈联中，"怜光满"，写出灭烛之后，独自一人静静感受月光充盈的情形；而"披衣"感觉到的不仅是露水的湿润，更是内心无限离愁的滋生。尾联中，诗人化用晋代陆机"照之有余辉，揽之不盈手"诗意，翻古为新，寄托对远方亲人的无尽思念之情。

知识拓展

张九龄（公元678年—公元740年），又名博物，字子寿，韶州曲江（今广东省韶关市）人，是唐朝诗文俱佳的文学家，诗歌成就尤为卓著。他是继陈子昂之后，祛除齐梁颓风，秉承建安风骨，开拓唐代诗坛繁盛局面的重要诗人。张九龄以自己的诗歌创作和政治地位影响了一代诗歌的发展。他的诗作既有"雄厉振拔""骨峻神竦，思深力道"的劲健风格，又兼具"雅正冲淡"的盛唐气度。

此外，张九龄还是唐代开元时期的贤相之一。他性格耿直，风仪温雅，有"曲江风度"之誉。开元末年，唐玄宗日渐沉迷享乐，亲奸佞，远贤臣，倦于理政。置身小人得志的凶险政情中，张九龄依然刚正不阿，正气凛然。他多次智谏唐玄宗，规劝他勤于政事；也曾坚拒武惠妃贿赂，粉碎了她危及太子的阴谋；还曾反对任用奸佞的李林甫、庸懦的牛仙客为相。张九龄屡次忤逆唐玄宗，终于在开元二十四年（公元736年），因受李林甫陷害而被罢相。他还是目光远大的政客，曾预言安禄山"貌有反相，不杀必为后患"，可惜没有被唐玄宗采纳。安史之乱发生后，唐玄宗仓皇入蜀，回忆起他的进言，不禁痛哭并祭奠他。

19 凉州词

唐·王之涣

黄河远上①白云间，
一片孤城②万仞③山。
羌笛④何须怨杨柳⑤，
春风不度⑥玉门关。

诗意品析

这首诗写戍边士兵的怀乡之情，写得苍凉慷慨，悲而不失其壮，丝毫没有半点颓丧消沉的情调，充分表现出盛唐诗人的广阔胸怀。

首句由远眺黄河的特殊感受描绘出黄河的汹涌澎湃，宛如丝带迤逦飞上云端，气势恢宏，令人神驰。

第二句以塞上孤城为核心意象，写出了在远川高山的反衬下，此城地势险要、处境孤危。

第三句引入杨柳曲调，玉门关外，春风不度，杨柳不青，离人想要折一枝杨柳寄情也不能，征人怀着这种心情听曲，似乎笛声也在"怨杨柳"，流露的怨情转化为浓郁的诗意。

末句"春风不度玉门关"水到渠成，表现了边地苦寒，包蕴着绵延的离愁乡思。

《凉州词》极写戍边者不得还乡的怨情，不过，从"何须怨"三字也可见

词语释义

①黄河远上：远望黄河的源头。 ②孤城：指孤零零的戍边城堡。 ③仞：古代的长度单位，一仞相当于周尺七尺，一说八尺，周尺一尺约合二十三厘米。 ④羌笛：羌族的一种乐器。 ⑤杨柳：指一种叫《折杨柳》的歌曲。古人有折柳赠别的风俗。 ⑥度：越过。

边防将士虽乡愁难禁却也意识到卫国戍边的责任重大。

《凉州词》情调悲而不失豪壮之气，为唐代边塞诗的代表作之一。

知识拓展

关于王之涣的诗，有一个"旗亭画壁"的故事广为流传。

玄宗开元年间，王昌龄、高适、王之涣三位诗人到旗亭小酌。所谓"旗亭"即酒楼，古代酒家在道旁筑亭，门前挑着一面旗子，上面画着酒坛或写个大大的"酒"字。三人正碰上梨园中的歌姬，在伶官带领下，到酒楼聚会宴饮。

三位诗人躲在一旁。王昌龄对两位说："我们三人都以诗知名，每每分不出高下。现在我们在此听各位歌姬歌唱，谁的诗入歌词最多，谁就为优。"三人都说好。

不一会儿，一位女子唱王昌龄的《芙蓉楼送辛渐》。于是，王昌龄用手在壁上一画，说道："这是我的一首绝句！"接着有一位歌姬唱高适的《哭单父梁九少府》。高适也用手在壁上一画，说道："这是我的一首绝句！"唱来唱去，始终没有歌姬唱王之涣的作品。但王之涣并不着急，他对高适、王昌龄说："这些唱你们诗作的都是普通乐官，只会唱一些普通的诗作。我的诗是'阳春白雪'，一般的歌姬不敢唱。"然后他指着其中一位身穿紫衣、长得最漂亮的歌姬说："如果这位女子唱的不是我的诗，我就一辈子不和你们争了。如果唱的是我的诗，你们就要拜我为师。"三人大笑。没想到这位紫衣歌姬开口便是"黄河远上白云间……"王之涣笑着对王昌龄等两位说："两位，我没有说错吧！"于是三人又大笑。

王之涣只有六首诗作传世，可其中的《凉州词》却震烁古今。可见诗不在多，关键要好。

20 宿建德江①

唐·孟浩然

移舟泊烟渚②，日暮客愁③新。
野旷天低树，江清月近人④。

诗意品析

《宿建德江》是唐代诗人孟浩然的代表作之一，是唐人五绝中的写景名篇。这首诗描写秋江夜景，寄托了诗人的羁旅之愁。

"移舟泊烟渚"，写羁旅夜泊。一个"烟"字突出了江上夜景的凄迷之感，为下文抒写羁旅之愁营造了一个令人伤感的背景。这一句在点题的同时，也介绍了诗人观赏景物的立足点。

"日暮客愁新"，表现的是日暮添愁。《诗经》里有这样的诗句："鸡栖于埘，日之夕矣，羊牛下来，君子于役，如之何勿思？"写的是一位妇女每当到夕阳西下、鸡进笼舍、牛羊归栏时，就更加思念在外服役的丈夫。"日暮"正是人们回家的时刻，因此对于羁旅在外的"客"来说，往往更易勾起无限乡愁。远离家乡，乡愁时时萦绕心间，日暮时分，则乡愁又添一重，这就是"客愁新"。

"野旷天低树"，诗人站在船头，极目眺望，远处的天空看起来非常低，跟树挨在一起。"江清月近人"，夜已降临，江水澄清，倒映在江中的月影，和舟中的人是那么近。这两句描绘的景物极富特色，只有人在舟中才能领略得到。这两句看似写景，实则写诗人怀着愁思，在大自然的广袤宁静中，发现还有那么一轮孤月此刻和他是那么亲近。寂寞的愁思似乎得到了慰藉，诗也就戛然而止了。

　　然而，言虽止，意未尽。诗人曾带着多年求仕的希望奔入长安，而今却只能怀着一腔被弃置的忧愤南寻吴越。此刻，他孑然一身，面对这四野茫茫、江水悠悠、孤月独舟的景色，那羁旅的惆怅，故乡的思念，仕途的失意，理想的幻灭，人生的坎坷……千愁万绪，不禁纷来沓至，涌上心头。"江清月近人"，这画面展示的是清澈平静的江水，以及水中的明月伴着船上的诗人；可那画面背后却是诗人的愁心已经随着江水流入思潮翻腾的海洋。

　　此诗前两句为触景生情，后两句为借景抒情。全诗淡而有味，情感含而不露，自然流出，风韵天成。

知识拓展

　　山水田园诗派是中国唐代的一个诗歌流派，代表人物有盛唐的王维、孟浩然、常建等，中唐的韦应物、柳宗元等。它继承和发展了陶渊明的田园诗与谢灵运、谢朓等的山水诗。

　　山水田园诗属于写景诗的范畴，以山水田园为吟咏的对象。诗人们写景状物细致传神，表现返璞归真、怡情养性的情趣，抒写隐逸生活的闲情逸致。诗歌风格清新自然，意境淡然闲适。"一切景语皆情语"，诗人们通过对静谧的山林、悠闲的田野生活的描绘表现对现实的不满和对宁静平和生活的向往。

　　孟浩然是与王维齐名的盛唐山水田园诗派的代表诗人，也是唐代第一个大量写作山水田园诗的诗人。他的诗歌绝大部分为五言，题材不宽，以山水诗居多，或写游历所见各地山水景色，或写家乡自然风光。他的诗虽不如王维的诗境界广阔，从艺术的完整和精美上来讲，则完全可以并驾齐驱，故称"王孟"。

古典诗词品读

21 渡浙江①问舟中人

唐·孟浩然

潮落江平未有风，
扁舟②共济③与君同。
时时引领④望天末⑤，
何处青山是越中⑥?

词语释义

①浙江:即钱塘江。 ②扁(piān)舟:小船。 ③济:渡河。 ④引领:伸长脖子。 ⑤天末:天边。 ⑥越中:今浙江省绍兴市。

诗意品析

　　从诗中可以看出，诗人天真好奇，兴致勃勃，字里行间充溢的是对越中山水无限神往的一腔激情。

　　首句以景入题，一句三景，描绘了作者登舟渡江时的自然环境：风平浪静，天气清和，一派悠闲。

　　次句叙写了诗人和舟中旅伴的相遇。作为在茫茫江流中孤舟漂泊的异乡之客，遇上"扁舟共济"的同路人，必然感到格外亲切。从"与君同"蔼然可亲的话语中，可以想见，诗人与"舟中人"相互问讯，应有一番热情的交谈。

　　第三句惟妙惟肖地描写了人物情态。"时时"二字，既使"引领"的静态神情化为动态神情，又使翘首期望的动作具有了连续性，从而十分逼真地显示了一位远游者对越中山水的无限倾慕和急于前往游览的心情。由于游赏越中山水心情迫切，故而诗人不断翘首期望，对舟中人急切地发出了询问："何处青山是越中?"

　　这首诗歌处处体现出诗人倾慕自然山水的纯真感情，使诗篇荡漾着一般行旅诗所少有的浓郁情趣和生活气息。

　　孟浩然的诗歌天下闻名，爱吃之名，同样流传广泛。

　　一次，采访史韩朝宗特地找孟浩然约好时间一起到京城和达官贵人见面，以便能够尽快当个官。到了约定进京那天，孟浩然竟然迟迟不露面，韩朝宗无奈，只好派人到孟浩然府上去请。被派的人去了一看，孟浩然和一位老友吃肉喝酒正欢呢。来人说了来意，孟浩然竟说："已经喝上了，管不了别的了。"韩朝宗一生气，自己先行离开了，孟浩然也并不因此而后悔。

　　相传，唐玄宗开元二十八年（公元 740 年），王昌龄拜访孟浩然。好友相聚，喝酒吃饭是必然的。孟浩然此时患有痈疽，医生嘱咐他不可贪吃，要忌口，否则有性命之虞。没想到孟浩然早已把医生的话丢在脑后，酒席上觥筹交错，纵情宴饮。孰料，孟浩然就因为痈疽复发而与世长辞，时年五十二岁。

22 从军行（其四）

唐·王昌龄

青海^①长云暗雪山^②，
孤城遥望玉门关^③。
黄沙百战穿金甲^④，
不破楼兰^⑤终不还。

诗意品析

此诗为王昌龄《从军行》（七首）中的第四首。短短的七言四句，尽显诗人的思乡之情与破敌的豪情壮志，且两者联系紧密，融洽无间。

起首两句，以鸟瞰为视角，借虚实相生的景物描绘手法，刻画整个西北边陲的广阔图景，境界阔大，感情悲壮，含蕴丰富。从青海湖上空，长云弥漫、绵延千里的隐隐雪山到荒漠中的孤城，以及与之遥遥相对的军事要塞——玉门关，横穿东西数千里的西北渐次呈现。在写景的同时也渗透着丰富复杂的感情，戍边将士对边防形势的关注，自己担负任务的自豪感、责任感，以及戍边生活的孤寂、艰苦之感，都融合在悲壮开阔而又迷蒙暗淡的景色里。

三、四句承接上文情景交融的环境描写转为直言胸臆的对比抒情。"黄沙

词语释义

①青海：指青海湖，在今青海省西宁市。　②雪山：指祁连山，在今青海省东北部与甘肃省西部边境。　③玉门关：汉朝边塞的一个重要关口，在今甘肃省敦煌市西。④穿金甲：磨穿铁甲。　⑤楼兰：汉朝西域国名，在今新疆维吾尔自治区鄯善县东南。这里的"楼兰"意指敌人。《汉书·傅介子传》记载：汉武帝时，遣使通大宛，楼兰阻挡道路，攻击汉朝使臣，汉昭帝时大将军霍光派傅介子前往破之，斩其王。诗人借傅介子斩楼兰王之典故，表明征战将士平息边患的决心。

百战穿金甲"七字，可知戍边时间的漫长，战事的频繁与艰辛，以及敌军的强悍和边地的荒凉。"不破楼兰终不还"，身经百战之将士的豪壮誓言，在前句的衬托下，愈发显得铿锵有力、掷地有声。

知识拓展

王昌龄，生年不详，约卒于公元756年，字少伯，京兆长安（今陕西省西安市）人，盛唐著名边塞诗人，尤其擅长七绝，有"诗家夫子""七绝圣手"之称。他的边塞诗气势雄浑，格调高昂。他也有部分抨击时政及描摹宫怨之作。代表作有《从军行》（七首）《出塞》《闺怨》等。

边塞诗是以边疆地区军民生活和自然风光为题材的诗，一般出自出征的将领或随军文官之手，或由具有边塞生活经历、军旅生活体验的诗人写就。边塞诗起源于西周，初步发展于汉魏六朝，兴盛于隋，黄金时代为唐。边塞诗贯穿整个唐朝，是唐代诗歌的主要题材之一，思想深刻、想象力丰富、艺术性极强。盛唐的边塞诗意境高远，格调悲壮，充满了磅礴的浪漫气质和一往无前的英雄主义精神。著名的边塞诗人有高适、岑参、王昌龄、李颀等，边塞诗代表作则有高适的《燕歌行》、岑参的《白雪歌送武判官归京》及王昌龄的《从军行》（七首）等。

23 观猎

唐·王维

风劲角弓鸣，将军猎渭城。
草枯鹰眼疾，雪尽马蹄轻。
忽过新丰市，还归细柳营。
回看射雕处，千里暮云平。

诗意品析

一次普通的狩猎活动，却被诗人王维写得激情洋溢，豪放有力。

首联，"未见其人，先闻其声"，用角弓鸣响，风劲箭急，渲染紧张肃杀的气氛。劲风中射猎，是何等身手！不由激起读者对猎手的好奇。待声势俱足，才推出射猎主角来："将军猎渭城"，让人不由联想到其英武神勇的身姿。如此开篇，先描写，后叙事，胜人之处全在先声夺人。

颔联具体描写纵鹰击捕，怒马追逐的打猎场面。"草枯""雪尽"四字如素描一般简洁、形象，颇具画意。"鹰眼"因"草枯"而特别锐利，"马蹄"因"雪尽"而绝无滞碍。"疾"字刻画鹰眼锐利，"轻"字形容马蹄迅捷。因此捕猎之快，捕获之多，猎手之英姿就不言而喻了。这

词语释义

①劲：强劲。 ②角弓：用兽角装饰的硬弓。 ③渭(wèi)城：即秦时咸阳城，汉时改称渭城，在今陕西省西安市西北，渭水北岸。 ④眼疾：目光敏锐。 ⑤新丰市：在今陕西省临潼区东北，为古代盛产美酒的地方。 ⑥还(xuán)：通"旋"，迅速，很快地，与上句"忽"同义对用。 ⑦细柳营：在今陕西省西安市长安区，汉代名将周亚夫屯军之地。此处指打猎将军所居的军营。 ⑧射雕处：北齐斛律光精通武艺，曾射中一雕，人称"射雕都督"。此处借用该典故赞美将军。 ⑨暮云平：傍晚时分，云层与大地连成一片。

两句的刻画细腻传神，成为千古传诵的名句。

颈联写罢猎还归。"新丰市""细柳营"，两地相隔七十余里。两个典故汇集一处，典雅有味。"细柳营"为汉代周亚夫屯军之地，这样一来就多了一重意味，似谓诗中狩猎的主人公亦具名将风度，与其前面射猎时意气风发、英姿飒爽的形象正相吻合。而"忽过""还归"，则见主人公返营驰骋之疾速。本联与颔联，既生动描写了猎骑情景，又真切表现了主人公的轻快感觉和喜悦心情。

尾联以写景作结，但它所写非营地景色，而是遥遥"回看"行猎处的远景。此景遥接篇首，首尾不但彼此呼应，而且形成对照：当初风起云涌，与出猎的紧张气氛相应；此时风平云定，与猎归后从容自如的心境相称。节奏从明快强烈到舒缓从容，视角上从近景、中景到远景。这样的反差达到了强烈的艺术效果。此联堪称妙笔。此外，尾联运用典故，借"射雕"赞美将军的臂力强、箭法高。诗的这一结尾摇曳生姿，饶有余味。

总的来说，此诗胜在先声夺人、炼字精准，运用侧面烘托和活用典故等艺术手段，使诗的形象鲜明生动，诗的意境壮阔恢宏，栩栩如生地刻画出将军的骁勇英姿，富有感染力。

知识拓展

王维（公元701年—公元761年），字摩诘，号摩诘居士，河东蒲州（今山西省运城市）人。盛唐著名诗人，尤以山水诗成就为最，是山水田园诗派的代表人物，与孟浩然合称"王孟"，另有"诗佛"之称。他的诗、画成就都很高，后人推他为南宗山水画之祖。存诗四百多首，代表诗作有《相思》《山居秋暝》等。

王维的山水田园诗是诗情与画意的高度统一，苏东坡曾经作过经典评价："味摩诘之诗，诗中有画；观摩诘之画，画中有诗。" 苏轼认为在王维的诗画作品中，诗中有画的意境，画中有诗的意味。王维既是出色的诗人，也是杰出的画家和音乐家。他写景状物，极擅长描摹自然音响光色的变化，呈现浓郁的"诗中有画"的境界。他首创了中国山水画中优美独特的"禅境"表现，能以诗意入画，又能以画表现诗意。王维的诗作在李白、杜甫之外别立一宗，对后世影响很大。

24 鸟鸣涧

唐·王维

人闲桂花落，夜静春山空①。
月出惊山鸟，时鸣②春涧中。

词语释义

①空：空寂，空空荡荡，形容山中寂静无声，好像空无所有。 ②时鸣：不时地啼叫。时：不时。

诗意品析

这首诗是王维山水诗代表作品之一。

先看前两句"人闲桂花落，夜静春山空"，花开花落，都属于天籁之音，唯有心真正闲下来，放下对世俗杂念的执着迷恋，才能将个人的精神提升到一个"空"的境界。当时的背景是深夜，诗人显然无法看到桂花飘落的景致，但因为"夜静"，更因为观风景的人"心静"，所以他还是感受到了盛开的桂花从枝头脱落、飘下、着地的过程。

当这种细微的因素，竟能从周围世界中明显地感觉出来的时候，诗人又不禁要为这夜晚的静谧和由静谧引起的格外的空寂而惊叹了。这里，诗人的心境和春山的环境气氛，是互相契合而又互相作用的。唯有心境洒脱，才能捕捉到别人无法感受的情景。

后两句"月出惊山鸟，时鸣春涧中"，是以动写静。当月亮升起，给这夜幕笼罩的空谷，带来皎洁银辉的时候，竟使山鸟都惊觉起来。看似惊鸟打破了夜的静谧，实则是用声音的描述衬托出了山里的幽静与闲适。

王维喜欢在诗里创造静谧的意境，这首诗也是这样。诗中所写的却是花落、月出、鸟鸣，这些"动"的景物，既使诗显得富有生机而不枯寂，又凸显了春涧的幽静。

明明是九月桂花开，可在这首诗中，春天怎么也会桂花落呢？

有一种解释是说桂花品种很多，有一种是木樨属桂花的变种，春天也会开花。此处写的就是这种。

第二种解释是说文艺创作不一定要完全写实。传说王维画的《袁安卧雪图》，在雪中还有碧绿的芭蕉。现实生活中不可能同时出现的事物，在文艺创作中是允许的。

还有一种解释认为此处的桂花指月光，花同"华"。因为古人认为月宫中植有桂树，所以许多古代文人都以桂宫代指月宫，以桂华代指月华。

仁者见仁，智者见智。王维的这首诗，一直散发着独特的芳香。

25 春思

唐·李白

燕①草如碧丝，秦②桑低绿枝。
当君怀归日，是妾断肠时。
春风不相识，何事入罗帏③?

> **词语释义**
>
> ①燕(yān)：今河北省北部，辽宁省西部。 ②秦：今陕西省。③罗帏：丝织的帘帐。

诗意品析

这是一首描摹思妇心绪的诗。诗名之"春"有两层含义：其一，真正意义上的春天；其二，男女之爱。此诗采用无理而妙的艺术手法，别具一格地表现思妇想念丈夫，为爱伤怀以及对爱忠贞的复杂情感。全诗以景寄情，委婉动人。

开头两句以相隔遥远的燕秦春天景物起兴，"燕草如碧丝"是思妇对燕地春景的想象，"秦桑低绿枝"才是思妇的眼前所见。这两句据实构虚，巧妙地将千里之隔的两地景物并置，两处春光，寄托两地相思，巧妙地写出了思妇对丈夫的深刻思念以及夫妻两人心心相印的亲密关系。

接下来两句由起首两句生发而来，当夫君思归怀己之时，妾身已肝肠寸断。按照常理，"当君怀归日"，思妇应该欣喜万分，而不是"断肠"，此处看似矛盾，实则是无理而妙的再次体现。结合前两句两地春景的差异，可明了此处思妇情感的复杂，她对丈夫的思念远比他的惦念要浓烈得多。

末尾两句让多情的思妇对着无情的春风发话，似乎无理，用来表现独守春闺的思妇的幽怨心态，却又真实可信。春风撩人，春思缠绵，斥责春风，可谓明志自警。以此作结，恰到好处。

　　李白（公元701年—公元762年），字太白，号青莲居士，祖籍陇西成纪（今属甘肃省），又号"谪仙人"，是唐代伟大的浪漫主义诗人，与杜甫并称为"大李杜"（李商隐与杜牧合称为"小李杜"），被后人誉为"诗仙"。其诗以抒情为主，善于从神话传说和民间文艺中汲取营养和素材，想象丰富，语言灵动自然，音律和谐多变，文辞瑰玮绚烂，诗风雄奇豪放，具有"笔落惊风雨，诗成泣鬼神"（杜甫语）的艺术魅力，是盛唐诗歌艺术的巅峰。其存世诗文一千余篇，有《李太白集》三十卷。代表作有《望庐山瀑布》《黄鹤楼送孟浩然之广陵》《将进酒》《蜀道难》《梦游天姥吟留别》等。

　　闺怨诗即描写闺中少妇、少女幽怨心态的作品，亦称"闺情诗"，源于《诗经》，汉魏晋南北朝时有了长足发展，及至唐代，步入鼎盛。闺怨诗的心理描写细腻，且带有浓重的感伤色调。常用恰切的比兴寄托手法，语言虽朴素自然、浅显易懂，营造的意境却深婉悠长。就创作整体而言，皆呈现出婉约缠绵的幽怨感伤之美，以及悠长含蓄的无尽之味。

26 黄鹤楼①送孟浩然②之③广陵④

唐·李白

故人⑤西辞⑥黄鹤楼，
烟花⑦三月下扬州。
孤帆远影碧空⑧尽⑨，
唯见⑩长江天际⑪流。

诗意品析

这首诗写于李白出蜀壮游期间，既歌咏自然之美，又褒颂友情之深厚。在和煦春天、繁华扬州以及盛唐气象的加持下，这两位风流潇洒的年轻诗人间的别离，一扫离别的哀伤，满蕴诗意和希望。全诗以景见情，含蓄深厚，令人神往，暗含弦外之音，有着低徊遐想的艺术效果。

首联中闻名天下的"黄鹤楼"不仅点题，还是传说中的登仙之地，诗人用此联营造出愉快的畅想曲气氛。颔联"三月"加上"烟花"，描绘了一幅看不尽、看不透的阳春烟景。当然，烟花之时加上烟花之地，虽是迷人景色，却也透露着时代绮靡，将送别的气氛涂抹得尤为浓郁。此句意境优美，文字绮丽。

词语释义

①黄鹤楼：中国著名的名胜古迹，故址在今湖北省武汉市武昌蛇山的黄鹄矶上。传说三国时的费祎在此楼乘黄鹤登仙而去，故称黄鹤楼。原楼已毁，今存楼为1985年所修葺。 ②孟浩然：唐代著名诗人，李白好友。 ③之：往，到达。 ④广陵：即扬州。 ⑤故人：老朋友，这里指孟浩然。 ⑥辞：辞别。 ⑦烟花：形容柳絮如烟、鲜花似锦的春天景物，指艳丽的春景。 ⑧碧空：碧蓝的天际，也有人将其释作"碧山"。 ⑨尽：尽头，消失了。 ⑩唯见：只看见。 ⑪天际：天边。

颈联和尾联借助细节描摹，从目送好友上船、远去，直到帆影消逝仍在翘首凝望，及至远离后注意到一江春水，正浩浩荡荡流向遥远的水天交接之处。此番描写尽显诗人对好友的一片深情，也映照出了其对繁华之地扬州的向往。

知识拓展

扬州地处江淮，有广陵、江都、维扬等古称，是唐朝最为繁华的工商业城市，它作为城市的历史可追溯至公元前486年。得益于隋炀帝开通的京杭大运河，它成为连接南北交通、物资的枢纽，经济也随之日趋繁荣。武则天时，"扬州地当冲要，多富商大贾，珠翠珍怪之产"。当地的金银铜器、锦彩绞棉、米、糖、药材等产业十分兴旺，冶炼铸造上也有较高水平。中唐以来，扬州更是出现了"十里长街市井连""八方称辐凑，五达如砥平""富商大贾，动愈百数"的繁华局面。《通物》第259卷云："扬州富庶甲天下，时人称扬一、益二。"

唐朝时期扬州的繁华景象在杜牧的《扬州三首》《赠别二首》《遣怀》《泊秦淮》等诗作中均有表现。

27　宣州①谢朓楼饯别②校书③叔云④

唐·李白

弃我去者，昨日之日不可留；
乱我心者，今日之日多烦忧。
长风⑤万里送秋雁，
对此可以酣高楼⑥。
蓬莱⑦文章建安骨⑧，
中间小谢⑨又清发⑩。
俱怀⑪逸兴壮思飞，
欲上青天览⑫明月。
抽刀断水水更流，
举杯销愁愁更愁。
人生在世不称意⑬，
明朝散发⑭弄扁舟⑮。

诗意品析

这是一首送别诗，是诗人李白在宣城与李云相遇并同登谢朓楼时所作。全诗灌注了慷慨豪迈的情怀，不直言离别，重笔抒发诗人怀才不遇的激烈愤懑，表达了诗人对黑暗社会的强烈不满和对光明世界的执着追求，

词语释义

①宣州：在今安徽省宣城市一带。　②饯别：以酒食送行。　③校(jiào)书：官名，即秘书省校书郎，掌管朝廷的图书整理工作。　④叔云：李白的叔叔李云。　⑤长风：远风，大风。　⑥酣(hān)高楼：畅饮于高楼。酣：畅饮。　⑦蓬莱：蓬莱为东汉时藏书之东观，此处以蓬莱文章指代李云文章。　⑧建安骨：汉末建安年间，曹操、曹丕、曹植及孔融、陈琳、王粲、徐干、阮瑀、应玚、刘桢等人诗风慷慨雄健，后人称为"建安风骨"。　⑨小谢：指南朝齐诗人谢朓，此处乃李白自喻。也有人认为小谢指代谢灵运族弟谢惠连，李白用以指代叔父李云之弟李华，并非自喻。　⑩清发(fā)：指诗风清新勃发。　⑪俱怀：两

情感回复跌宕，一波三折。

诗发端既不写楼，更不叙别，而是陡起壁立，直抒郁结。所有的"昨日"与接踵而至的"今日"，蕴含着作者"功业莫从就，岁光屡奔迫"的精神苦闷，也融入诗人对长期污浊的政治现实与遭遇之愤慨。重叠复沓的语言，生动形象地勾勒出诗人不可抑制的

人都怀有。 ⑫览：通"揽"，摘取。 ⑬称意：称心如意。 ⑭散发：不束冠，此处旨在形容狂放不羁。⑮弄扁(piān)舟：乘小舟归隐江湖。

抑郁、忧愤和烦乱心绪。三四两句突发转折，铺陈出一幅壮阔明朗的万里秋空图，并展现诗人豪迈阔大的胸襟。

随后两句承接高楼饯别，分写主客双方。七八两句就"酣高楼"进一步渲染双方的豪情逸兴。酒酣兴发之后，更是飘然欲飞。上天揽月，固然是一时兴起之语，此雄健气魄却可让我们感受到诗人对高洁理想的坚守、向往和追求。尽管理想与现实的矛盾不可调和，诗人内心的烦忧苦闷一如"抽刀断水水更流，举杯销愁愁更愁"无法排遣，但一直保有摆脱精神苦闷的抗争之心。

知识拓展

谢朓楼，又名北楼、谢公楼，位于陵阳山上，是南朝齐诗人谢朓任宣城（即宣州，今属安徽省）太守时所建。此楼因谢朓诗名而被历代文人墨客追捧，成为中国名胜古迹之一。

谢朓（公元464年—公元499年），字玄晖，南朝齐陈郡阳夏（今属河南省）人，因曾任宣城太守，后世亦称"谢宣城"。其出身名门贵族，少时便文采斐然，善诗歌、辞赋和散文，曾与沈约等共创"永明体"。他尤其擅长山水诗作，又因与著名山水诗人谢灵运（"大谢"）同为谢氏宗族，故有"小谢"之称。整体而言，他的诗作多描写自然景物，有时也直抒胸臆，诗风清新秀丽而又优美流畅，佳句颇多。他写作之时善于发端，讲究平仄，对仗工整，从某种意义上可以说是开唐代律绝之先河。

28 黄鹤楼

唐·崔颢

昔人已乘黄鹤去，
此地空余黄鹤楼。
黄鹤一去不复返，
白云千载空悠悠①。
晴川②历历③汉阳树，
芳草萋萋④鹦鹉洲⑤。
日暮乡关⑥何处是？
烟波⑦江上使人愁。

词语释义

①悠悠：飘荡的样子。 ②晴川：阳光照耀下的晴明江面。 ③历历：清晰可见的样子。 ④萋萋：形容草木茂盛的样子。 ⑤鹦鹉洲：在湖北省武汉市武昌区西南。根据《后汉书》记载，汉黄祖担任江夏太守时，在此大宴宾客，有人献上《鹦鹉赋》，故称鹦鹉洲。唐朝时在汉阳西南长江中，后逐渐被水冲没。 ⑥乡关：故乡。 ⑦烟波：江面上笼罩的沉沉暮霭。

诗意品析

这首诗是唐代诗人崔颢还乡途中逗留武昌时所作。他登临黄鹤楼，遥望故乡，思乡情切，提笔写下这首诗。诗中描写了诗人登楼远眺的所见所思，抒发了诗人漂泊异地的伤感与思念故乡的情怀。

这首诗在当时很有名气，被誉为"七律第一"。

《黄鹤楼》之所以能成为千古传颂的名篇佳作，首先在于诗歌本身所展现的意境美。黄鹤楼有着神奇的传说，相传古代仙人子安乘黄鹤经过此地，又传三国名臣费祎于此驾鹤登仙。诗从楼命名的由来联想，借传说落笔。诗人满怀对黄鹤楼的美好憧憬，慕名而来，可仙人驾鹤，再无踪迹，空余寻常江楼，唯余天际白云。这"不复返"三个字，涵盖了岁不等人、世事难料的苍茫之感。而"空悠悠"写出了空间的广袤，"千载"则表现出时间的无限。时空的纵横让人产生历史的纵深感和空间的开阔感，为下文展现苍茫的乡愁奠定了基础。

其次，这首诗歌还具有气象恢宏、色彩绚丽的绘画美。首联在描写仙人乘鹤的传说中，隐含了近观此楼临江耸立之势。颔联在感叹"黄鹤一去不复返"的情感中，展现了远观黄鹤楼耸入天际、白云缭绕的壮观之景。颈联直接勾勒了黄鹤楼外江上明朗的日景。尾联徘徊低吟，间接呈现出黄鹤楼下江上朦胧的晚景。诗篇所展现的画面上，交替出现了黄鹤楼的近景、远景，日景、晚景，变化奇妙，气象恢宏。相互映衬的景象则有仙人黄鹤、名楼胜地、蓝天白云、晴川沙洲、绿树芳草、落日暮江，形象鲜明，色彩缤纷。全诗在诗情之中充满了画意，富有绘画美。

最后，这首诗歌富有音韵美。诗中双声、叠韵和叠音词的多次运用，如"黄鹤""复返"等双声词，"江上"等叠韵词，以及"悠悠""历历""萋萋"等叠音词，形成了这首诗声韵铿锵、清朗和谐、富于音乐美的特征。

▌知识拓展▐

崔颢，唐代诗人，擅长写边塞诗。他的诗慷慨豪迈，雄浑奔放。《全唐诗》保留了他的诗四十二首。他最闻名的诗歌就是《黄鹤楼》。

唐代很多诗选，七律部分往往以《黄鹤楼》开篇或压卷。严羽《沧浪诗话》评论："唐人七言律诗，当以崔颢《黄鹤楼》为第一。"而且这首诗，还引出了一段李白搁笔的千古佳话。

黄鹤楼美景，让无数文人墨客慕名而来，临江赋诗，抒怀歌颂。李白也极爱黄鹤楼，他曾高亢激昂，直呼"一忝青云客，三登黄鹤楼"。一次，李白登楼时又诗兴大发，当他在楼中发现崔颢一诗，连称"绝妙、绝妙!"相传李白当时写下了四句"打油诗"来抒发自己的感怀："一拳捶碎黄鹤楼，一脚踢翻鹦鹉洲，眼前有景道不得，崔颢题诗在上头。"随即搁笔不写了。后人就在黄鹤楼东侧，修建了一座亭，命名为李白搁笔亭，以记此事。

　　不过，历代诗人对李白在黄鹤楼上是否因崔颢诗而"搁笔"一事众说纷纭，莫衷一是。清代湖北学者陈诗曾考证指出，李白搁笔并无其事。陈诗指出这一传闻的来历："李白过武昌，见崔颢黄鹤诗，叹服不复作。去而赋金陵凤凰台。其后禅僧用此事，作一偈：'一拳捶碎黄鹤楼，一脚踢翻鹦鹉洲。眼前有景道不得，崔颢题诗在上头。'原是借此事设词，非太白诗也。流传之久，信以为真。"

　　这则佳话不论真实与否，都表现出后世对崔颢的这首《黄鹤楼》的高度评价。

29 凉州词①二首（其一）

唐·王翰

葡萄美酒夜光杯②，
欲③饮琵琶④马上催⑤。
醉卧沙场⑥君⑦莫笑，
古来征战几人回？

诗意品析

该诗是咏边塞情景之名篇，地方色彩极浓。无论是标题中的凉州，还是内容里的葡萄酒、夜光杯、琵琶声，无一不紧扣西北边塞风情，语言精妙明快。全诗虽反映战争的残酷，但并不伤感，基调健康、乐观豪迈。全诗通过描写军中宴饮场景，反映出战士乐观豪迈、视死如归的英雄气概。

前两句"葡萄美酒夜光杯，欲饮琵琶马上催"言事，"欲饮"二字，渲染出了美酒佳肴的强大诱惑力，亦展现出了将士们豪爽开朗的性格。"欲饮"未得之时急促欢快的琵琶乐章，像是在催促将士们举杯痛饮，致使已经热烈的气氛更是沸腾起来。"马上"二字，往往又使人联想到"出发"，着意渲染此种欢快宴饮的场面。

后两句"醉卧沙场君莫笑，古来征战几人回"转而言情。这两句诗传达出的不是生命不保的无奈凄凉，而是置生死于度外的忠勇报国气概，抒发了将士们甘愿献身沙场的豪情。"古来征战几人回"这一反问句，用意不在渲染战争的残酷可怕，而是表达将士们将战死沙场与醉卧沙场同等看待的豁达豪情。

知识拓展

　　王翰，生卒年不详，字子羽，并州晋阳（今山西省太原市）人，性格豪放，恃才不羁。他的诗多以沙场少年、玲珑女子以及欢歌宴饮等为题材，抒发关于人生短暂的慨叹和及时行乐的思想感情，文辞绮丽瑰秀。代表作有《凉州词二首》《饮马长城窟行》《春女行》《古蛾眉怨》等，尤以《凉州词二首》（其一）最负盛名。

　　唐代经济文化繁盛，社会风气开放自由，官民饮酒成风，所以酒器品类非常多。从制作材质看，既有用玉、金银、玛瑙、水晶、玻璃、象牙等制成，以彰显贵族身份的奢华酒器，也有用兽角、蚌贝、虾壳等制作的奇异酒器，还有用藤、樱、竹木、匏瓜等植物制成的简朴酒器。而民间使用最为普遍的则是用陶瓷、青铜制作而成的普通酒器。它们有三种来源：官制作坊、各地民间窑窟以及各类外来酒器。唐朝酒器的用途极为广泛，有祭祀器、盛储器、温煮器、冰镇器、挹取器、斟酌饮用器、娱酒器等种类。其功能可粗略分为盛酒和饮用。唐代的盛酒器是樽，多为盆状，有三足的，也有圈足的。樽中的长柄勺，用来酌酒。唐代的饮酒杯式样很多，其中高足杯是饮酒专用。唐代前期多流行小圈足、单环柄、多瓣或多棱的金银杯，其形状模仿中亚的饮酒用具。总之，唐代酒器品类繁多，制作考究，不仅在中国酒器史上占有重要位置，更是我们了解唐朝风物人情的重要窗口。

30 别董大①（其一）

唐·高适

千里黄云②白日曛③，
北风吹雁雪纷纷。
莫愁前路无知己，
天下谁人④不识君⑤。

词语释义

①董大：指董庭兰，是当时著名的琴师，因在兄弟中排行老大，故称"董大"。
②黄云：落日余晖映照下的昏黄云朵。 ③曛：落日的余晖。 ④谁人：哪一个人。
⑤君：你，这里指董大。

诗意品析

这是一首赠别诗，但不同于那些凄清缠绵、低徊流连之作，而是书写慷慨悲歌、真诚情谊及坚强信念的名作，为灞桥柳色与渭城风雨涂上了豪放之色。此诗可与王勃"海内存知己，天涯若比邻"的意境媲美。

天宝六年（公元747年）的高适，正值人生低谷，郁郁不得志的他不断流浪，生活窘迫。那时的琴师董大，虽弹得一手出神入化的七弦琴，但因盛唐流行胡乐，使得他这样的明珠蒙尘不被赏识，生活也困顿不安。二人在睢阳久别重逢，短暂相聚之后又各赴异地。这赠别之作，便在这样的情境下产生。或许是贫贱相交，二人的友情真挚而又深厚，离别之时纵有万般不舍，高适还是摆脱了当时送别之作幽怨缠绵的套路，用博大昂扬之姿，书写自己对老友的惺惺相惜和美好期许。

起首的"千里黄云白日曛，北风吹雁雪纷纷"看似单纯写景，实则以内心之真，借白描景物，抒别离之绪。黄昏日落、黄沙千里、北风肆虐、雁群远徙、大雪纷飞，虽无一字写人事，但作为诗人眼中日暮天寒的风景，已是其内心情感附着之后的大漠景象，其怀才不遇的悲壮自然流泻。

后两句"莫愁前路无知己，天下谁人不识君"转而直抒胸臆，直言对朋友的劝慰和赞赏。质朴豪爽、响亮有力的用心良苦之语，充满着信心和力量，激励朋友抖擞精神去奋斗和拼搏。诗人的开阔胸襟和二人真挚悲壮的深情厚谊喷薄而出。

知识拓展

高适（约公元700年—公元765年），字达夫、仲武，唐代著名边塞诗人，世称高常侍，与岑参并称"高岑"。后人又将他与岑参、王昌龄以及王之涣合称为"边塞四诗人"。他的诗洋溢着奋发进取、蓬勃向上的盛唐时代精神，气势奔放，笔力雄健。

天宝三年至天宝四年间（公元744—745年），李白、高适相识，二人相互赋诗，友谊深厚。二人都是仕途多舛的怀才不遇之士，但安史之乱后，他们的政治生涯则迥然不同。高适审时度势地抓住了各种展现政治才能的机会，先后得到唐玄宗和唐肃宗重用，于公元756年冬晋升为扬州大都督府长史、淮南节度使，兼任平定永王叛乱的王师最高统帅。与之平步青云相较，李白则政途黯淡，且因跟随永王起兵未成而被押入寻阳天牢。他曾写信作诗向高适求助，但高适漠然不理，还烧毁了二人之前的往来书信。后李白委托夫人拜访高府，高适闭门不见。自此，二人绝交，李白亦让夫人烧毁了与高适的往来书信。

逢雪宿①芙蓉山主人②

唐·刘长卿

日暮苍山远，天寒白屋③贫。
柴门闻犬吠，风雪夜归人。

词语释义

①宿：投宿，借宿。 ②芙蓉山主人：芙蓉山上留诗人借宿的人。芙蓉山：各地以芙蓉命山名者甚多，这里应在今湖南省内。 ③白屋：未加修饰的简陋茅草房，一般指贫苦人家。

诗意品析

这首诗用极其简练的诗笔，描画出一幅以旅客暮夜投宿、山里人家风雪人归为素材的寒山夜宿图。

前两句，写诗人投宿山村时的所见所感。一个"暮"字和一个"远"字，就把旅者跋涉艰难，急切投宿的心情表现得淋漓尽致。下句主人家简陋的茅舍，在寒冬中更显得清贫。"寒""白""贫"三字互相映衬，渲染贫寒、清白的气氛。

后两句写诗人投宿主人家以后的情景。旅者已安顿就寝，忽从卧榻上听到吠声不止，大概是芙蓉山主人披风戴雪归来了吧。这两句从耳闻的角度落墨，展示了一个犬吠人归的场面。尽管未能看见，贫寒人家生活的辛苦却表现得很鲜明。尽管又是风雪又是黑夜，但是一个简单的"归"字，也含蓄地表达了贫寒人家的温暖。

知识拓展

唐代诗人刘长卿擅长写五言诗，号称"五言长城"。这个称号的意思是说他五言诗写得好，他人难以胜过。关于这个称号的来历，还有一个有趣的小故事。

有位年长的隐士叫作秦系，他和刘长卿关系极好，两人常常以诗相赠答。

有一天，刘长卿的一位朋友读了秦系应答刘长卿的五言诗之后，感到他们的诗各有特点，不相上下，便开玩笑地说："长卿自以为是五言长城，坚不可摧，而秦系率部队从侧面发起了进攻。虽然他年纪大了，但威力不减壮年，这样的攻击，还真够长卿抵挡一阵的。"

32 春望

唐·杜甫

国①破山河在，城春草木深。
感时②花溅泪，恨别③鸟惊心。
烽火④连三月，家书抵万金。
白头搔更短，浑⑤欲不胜⑥簪。

词语释义

①国：国都,指长安(今陕西西安)。 ②感时：为国家的时局而感伤。 ③恨别：怅恨离别。 ④烽火：古时边防报警的烟火,这里指安史之乱的战火。 ⑤浑：简直。 ⑥不胜：受不住,不能。

诗意品析

天宝十四年（公元755年）十一月，安禄山起兵叛唐。次年六月，叛军攻陷潼关，占领了长安。身处沦陷区的杜甫目睹了长安城一片萧条零落的景象，百感交集，便写下了《春望》这首传诵千古的名作。

全诗语言含蓄凝练，言简意赅，往往一字传神，尤其是首联和颔联用字极妙。

首联写春望所见。一个"破"字使人触目惊心，一个"深"字令人满目凄然。春天所望之景本应繁华明媚，如今却山河破碎，荒芜破败，杂草丛生。诗人通过这两个字写今日景象的衰败，抒发了人去物非的沧桑感，为全诗创造了一种荒凉凄惨的气氛。同时"国破"和"城春"两个截然相反的词组，形成强烈的反差，更加深了作者内心的凄凉之感。

颔联写花本无情而溅泪，鸟本无恨而惊心。此句通过景物描写，借景生情，移情于物，具有浓郁的艺术效果。尤其是"溅"和"惊"二字绝佳，动态地展现了诗人痛感国破家亡的苦恨。语气之强烈，使得诗人忧伤国事、思念家人的情思得到了艺术的表现。

这首诗结构精妙。全诗围绕"望"字展开，由开篇描绘国都萧索的景色，到眼观春花而泪流、耳闻鸟鸣而怨恨，再写战事持续很久，以致家里音信全无，最后写到自己的哀怨和衰老。全诗环环相生、层层递进，创造了一个能够引发人们共鸣、深思的境界，表现了在典型的时代背景下所生成的典型感受。这既反映了同时代的人们热爱国家、期待和平的美好愿望，也展示出诗人忧国忧民、感时伤怀的爱国情感。

知识拓展

杜甫（公元712年—公元770年），字子美，自号少陵野老，世称"杜工部""杜少陵"等，唐代伟大的现实主义诗人。杜甫被尊为"诗圣"，他的诗被称为"诗史"。杜甫与李白合称"李杜"。他忧国忧民，人格高尚，约一千四百首诗被保留了下来。他诗艺精湛，其作品在中国古典诗歌中备受推崇，影响深远。

杜甫曾于公元759年至公元766年间居成都，后世建有杜甫草堂加以纪念。成都杜甫草堂位于四川省成都市，是杜甫流寓成都时的居处。公元759年冬天，杜甫为避"安史之乱"，携家带口辗转来到成都。在友人的帮助下，他在成都西郊浣花溪畔修建茅屋居住。茅屋落成，称之为"成都草堂"。他的诗"万里桥西一草堂，百花潭水即沧浪"（《狂夫》）中提到的便是成都草堂。他在这里居住了将近四年，后因友人病逝，失去依靠的杜甫只得携家带口告别成都。杜甫离开成都后，草堂便倾毁不存。

唐末诗人韦庄寻得草堂遗址，重建茅屋，使之得以保存。成都杜甫草堂博物馆在宋元明清历代都有修葺扩建，已演变成集纪念祠堂格局和诗人旧居风貌为一体的建筑，是一处古朴典雅、清幽秀丽的著名文化圣地。

33 闻官军收河南河北

唐·杜甫

剑外①忽传收蓟北②，
初闻涕泪满衣裳。
却看③妻子④愁何在，
漫卷⑤诗书喜欲狂。
白日放歌须纵酒，
青春⑥作伴好还乡。
即从巴峡穿巫峡⑦，
便下襄阳⑧向洛阳⑨。

诗意品析

　　这首诗情感如万斛泉涌，奔流直下。"剑外忽传收蓟北"，起势迅猛，恰切地表现了捷报的突然。"初闻"紧承"忽传"。"忽传"表现捷报来得太突然，"涕泪满衣裳"则以形传神，表现突然传来的捷报在"初闻"的一刹那所激发的感情波涛，这是喜极而悲、悲喜交集的逼真表现。"喜欲狂"，这是惊喜的情感洪流涌起的更高洪峰。"却看妻子""漫卷诗书"，多年笼罩全家的愁云不知跑到哪儿去了，亲人们都不再是愁眉苦脸，而是笑逐颜开，喜气洋洋。亲人的喜反过来增加了自己的喜，自己再也无心伏案了，随手卷起诗书，与大家同享胜利的欢乐。快乐的情感，如同波浪，一波又一波，裹挟着读者向前。

　　该诗语言明快爽朗，率性而写，不作修饰。在快乐的心境下，不必斟酌词句，只要率性而作，就是好句。"白日"，点出人已到了老年。老年人难得"放歌"，也不宜"纵酒"；如今既要"放歌"，还须"纵酒"，正是"喜欲狂"的具体表现。这句写"狂"态，下句则写"狂"想。"青春"指春季，春天已经来临，在鸟语花香中与妻子儿女们"作伴"，正好"还乡"。想到这里，又怎能不"喜欲狂"？身在梓州，而弹指之间，心已回到故乡。试想，"巴峡""巫峡""襄阳""洛阳"，这四个地方之间隔着多么漫长的距离，而一用"即从""穿""便下""向"贯串起来，就出现了疾速飞驰的画面，一个接一个地从眼前一闪而过。

知识拓展

　　杜甫被称为诗圣之外，还被称为"老杜"，他为什么会得到这么一个称呼呢？

　　有人说，杜甫人到中年之后，心态比较老，自称老且病的诗很多。比如：

　　"亲朋无一字，老病有孤舟。"

　　"名岂文章著，官应老病休。"

　　"南村群童欺我老无力。"

　　"老病巫山里，稽留楚客中。药残他日裹，花发去年丛。"

　　正因为常自称老、病，所以后人就把他称为"老杜"。

　　也有人说，"老杜"一名来自宋朝。因为杜甫的诗给宋代诗人树立了典范，影响了几乎整个宋代诗歌的创作。宋人最爱杜甫，杜诗的风格也是宋诗的主流。可见，"老"，是宋人对杜甫的一种尊称，也是对杜诗风格的总体概括。

　　不过，《闻官军收河南河北》却与上述杜诗总体风格不同，惊喜之情奔涌直泻，正如清人浦起龙所言："八句诗，其疾如飞。题事只一句，作俱写情。"浦起龙称之为杜甫"生平第一快诗也"！

34 登高

唐·杜甫

风急天高猿啸哀①，
渚②清沙白鸟飞回。
无边落木萧萧③下，
不尽长江滚滚来。
万里④悲秋常作客⑤，
百年⑥多病独登台。
艰难⑦苦恨繁霜鬓⑧，
潦倒⑨新停⑩浊酒杯。

诗意品析

全诗通过登高所见的秋江景色，倾诉了诗人长年漂泊、老病孤愁的复杂感情，慷慨激越，动人心弦。

这首律诗共四联，句句押韵，都是工对，而且首联两句又句中自对，"一篇之中，句句皆律，一句之中，字字皆律"。就写景而言，首联以工笔细描写出风、天、猿、渚、沙、鸟六种景物的形、声、色、态，每件景物都只用一个字描写，却生动形象，精练传神；颔联着重渲染整个秋天的气氛，好比画家的写意，重在传神会意，让读者用想象补充。

　　前两联极力描写秋景，直到颈联，才点出一个"秋"字。"独登台"，则表明诗人是在高处远眺，这就把眼前景和心中情紧密地联系在一起了。"常作客"，指出了诗人漂泊无定的生涯。"悲秋"与"百年"写出了诗人暮年漂零异乡，饱受病痛折磨的处境，凸显了深沉的悲愁意味。

　　这是一首最能代表杜诗中景象苍凉阔大、气势浑涵汪茫的七言律诗。前两联写登高闻见之景，后两联抒登高感触之情。由情选景，寓情于景，浑然一体，充分表达了诗人长年漂泊、忧国伤时、老病孤愁的复杂感情。该诗格调雄壮高爽，慷慨激越，高浑一气，古今独步。

知识拓展

　　杜甫是我国唐代伟大的现实主义诗人，他热爱生活，热爱人民，热爱祖国的大好河山。他疾恶如仇，对朝廷的腐败、社会生活中的黑暗现象给予了批评和揭露。他同情人民，甚至幻想着为解救人民甘愿做自我牺牲。所以他的诗歌创作，始终贯穿着忧国忧民这条主线，以最普通的老百姓为主角，由此可见杜甫的伟大。

　　杜甫见证了唐代由盛转衰的历史时期，他的诗具有丰富的社会内容、强烈的时代色彩和鲜明的政治倾向，真实深刻地反映了安史之乱前后一个历史时代的政治时事和广阔的社会生活画面，揭示了社会动荡、政治黑暗、人民疾苦，被誉为"诗史"。他善于运用古典诗歌的许多体制，并加以创造性地发展。他是新乐府诗体的开路人，促成了中唐时期新乐府运动的发展，他的古体长篇，亦诗亦史，展开铺叙，而又着力于全篇的回旋往复，是我国诗歌艺术取得高度成就的标志。

35 白雪歌送武判官①归京

唐·岑参

北风卷地白草②折，
胡天③八月即飞雪。
忽如一夜春风来，
千树万树梨花④开。
散入珠帘⑤湿罗幕⑥，
狐裘⑦不暖锦衾⑧薄。
将军角弓⑨不得控，
都护⑩铁衣⑪冷难着⑫。
瀚海⑬阑干⑭百丈⑮冰，
愁云惨淡⑯万里凝。
中军⑰置酒饮归客⑱，
胡琴琵琶与羌笛⑲。
纷纷暮雪下辕门⑳，
风掣㉑红旗冻不翻。
轮台㉒东门送君去，
去时雪满㉓天山㉔路。
山回路转㉕不见君，
雪上空留马行处。

词语释义

①武判官：名字不详，应当是封常清幕府中的判官。判官：官职名。 ②白草：西北一种秋天干枯后颜色会变白的牧草。 ③胡天：指塞北的天空。胡：古代汉民族对北方各民族的通称。 ④梨花：雪堆积在树枝上，像盛开的梨花一样。 ⑤珠帘：用珍珠串成或饰有珍珠的帘子，形容帘子华美。 ⑥罗幕：用丝织品罗做成的帐幕，形容帐幕华美。 ⑦狐裘：狐皮袍子。 ⑧锦衾(qīn)：锦缎做成的被子。 ⑨角弓：两端用兽角装饰的硬弓。一作"雕弓"。 ⑩都护：镇守边镇的长官。此处为泛指，与上文的"将军"是互文。 ⑪铁衣：铠甲。 ⑫难着：冰冷的铁甲令人怯于穿上身，一作"犹着"。着：穿。

诗意品析

《白雪歌送武判官归京》是咏雪送别之作。诗中，岑参以一天的雪景变化为线索，以敏锐的观察力和浪漫奔放的笔调，描绘了一幅西北边塞的丽景图，刻画出了边塞军营将士们送别归京使臣的热烈场面，表现了诗人和边防将士们的爱国热情，以及战友间的真挚情谊。整首诗以开合自如的结构、抑扬顿挫的韵律，描绘出奇中有丽、丽中有奇的美好意境，是岑参边塞诗的代表作之一。

全诗语言奇崛，含蓄隽永，且风格多变。第一部分，主要描写早晨的奇丽雪景和突如其来的奇寒。"即""忽如"等词形象、准确地表现了诗人猝不及防的心理。第二部分，描绘白天雪景的雄伟壮阔和饯别宴会的盛况。"瀚海阑干百丈冰，愁云惨淡万里凝"，用浪漫夸张的手法，描绘雪中天地的整体形象；"中军置酒饮归客，胡琴琵琶与羌笛"，表现送别的热烈与隆重。这些都是诗歌内在热情迸发的体现，诗作欢乐的气氛也被渲染至顶点。第三部分，描写送别友人的具体场景，表现对友人的惜别之情和边塞将士的豪迈精神。"纷纷暮雪下辕门，风掣红旗冻不翻"，有动静结合、红白相衬的壮美，也象征着将士的旗帜在寒风中毫不动摇、威武不屈的形象。最后"山回路转不见君，雪上空留马行处"以平淡质朴的语言，表现了依依不舍的送别情形。

⑬瀚海：沙漠。 ⑭阑干：交错杂乱的样子。 ⑮百丈：一作"百尺""千尺"。 ⑯惨淡：昏暗无光。 ⑰中军：代指主将或指挥部。古时军队常分为左、中、右三军，中军为主帅的营帐。 ⑱饮归客：宴饮归京的人，此处指武判官。饮：使动用法，请人来宴饮。 ⑲胡琴琵琶与羌笛：三种都是西域地区少数民族的乐器。 ⑳辕门：军营的门，此处指主帅衙署的外门。古代军队扎营，常用车环围，出入处两车车辕相向竖立，如门状。 ㉑掣：拉，扯。 ㉒轮台：在今新疆维吾尔自治区米泉区境内，与汉时轮台不是同一地方。 ㉓满：形容词活用为动词，意为铺满。 ㉔天山：即祁连山。 ㉕山回路转：山势回环，道路盘旋曲折。

　　岑参（约公元 715 年—公元 770 年），江陵（今属湖北省）人，唐朝著名边塞诗人。曾官至嘉州刺史，世称岑嘉州。他工于诗歌，尤其擅长七言歌行体。边塞风光、少数民族的文化风俗以及亲自经历的军旅生活为岑参的创作提供了丰厚的养分，他的边塞诗因此而量多质佳，现有存诗三百六十首。他的诗作气势磅礴、慷慨豪迈，语言变化自如且通俗易懂，与高适风格相近，两人并称"高岑"。代表作有《白雪歌送武判官归京》《走马川行奉送封大夫出师西征》等。

　　雪景再造，是古诗词中的一道亮丽风景线，发端于晋，兴盛于唐宋。它在诗中显形时，多与风、花、刀、高山、江河湖泊、边关荒野、暗夜等相伴，一起营造或寒冷、或幽静、或雄健的自然风光。关于它的类别划分并无定规。若以季节衡量，则有春雪、夏雪、冬雪之分；以褒贬划分，则有喜雪、恶雪之分；以功能划分，则有烘托环境恶劣之雪，营造离别、归来或寂静场景之雪，衬托梅花冰清玉洁品质之雪等。总之，摹写雪景的古诗数量庞大，品质亦佳，这皆与雪的物理特质、象征寓意以及中国人的文化心理和雅趣爱好密切相关。关于雪景的古诗名句更是广为流传，颇受民众喜爱，如"千山鸟飞绝，万径人踪灭""忽如一夜春风来，千树万树梨花开""梅须逊雪三分白，雪却输梅一段香"等。

36 枫桥夜泊①

唐·张继

月落乌啼②霜满天，
江枫渔火对愁眠③。
姑苏④城外寒山寺，
夜半钟声到客船。

词语释义

①夜泊：夜间把船停靠在岸边。　②乌啼：乌鸦啼鸣。③对愁眠：伴愁眠之意。此句把江枫和渔火二词拟人化。　④姑苏：苏州的别称，因城西南有姑苏山而得名。

诗意品析

诗人匠心独运，在静动相宜、明暗相衬的景物中，呈现出幽远的诗意。

前二句意象密集：落月、啼乌、满天霜、江枫、渔火、不眠人，造成一种意韵浓郁的审美情境。这二句既描写了秋夜江边之景，又表达了作者思乡之情。后两句意象疏宕：城、寺、船、钟声，营构了空灵旷远的意境。

全诗以一"愁"字统起。《唐诗三集合编》曾说："全篇诗意自'愁眠'上起，妙在不说出。"《碛砂唐诗》则以"对愁眠"三字为全诗"关目"，"虚写竟夕光景，辗转反侧之意自见"。

知识拓展

作者张继在这首诗里，搞错了地名。《枫桥夜泊》诗题首字就错了，是"封"而不是"枫"。

很多读者认为"江枫渔火对愁眠"中的"江枫"是江边的枫树，但实际上"江枫"不是树而是两座桥："江村桥"和"封桥"。

寒山寺前面有一座桥，这座桥有封锁大运河渡口的作用，对岸是军事要塞"铁岭关"，有重兵把守，严禁行人通过。再加上周围并无一株枫树，故不可能叫作"枫桥"，而只能叫作"封桥"。

根据宋周遵道《豹隐纪谈》记载："（枫桥）旧作'封桥'，王郇公居吴时书张继诗刻石作'枫'字，相承至今。天平寺藏经多唐人书，背有'封桥常住'四字朱印。"可见，在张继写《枫桥夜泊》前，此桥的确是叫"封桥"，张继错写"枫"字后，才变为"枫桥"了。

《枫桥夜泊》这首诗竟改变了当地的桥名，可见文学作品的力量有时候真的很大！

37 滁州①西涧②

唐·韦应物

独怜③幽草涧边生，
上有黄鹂④深树⑤鸣。
春潮带雨晚来急，
野渡⑥无人舟自横⑦。

词语释义

①滁（chú）州：今安徽省滁州市。　②西涧：滁州城西郊的一条小溪，即今天的西涧湖。　③独怜：独爱。④黄鹂：黄莺。　⑤深树：树荫深处。　⑥野渡：荒郊野外无人管理的渡口。　⑦横：随意漂浮。

诗意品析

这是一首山水诗名篇，也是韦应物的代表作之一，写于他在滁州刺史任上，主要摹写了诗人春游滁州西涧赏景和晚雨野渡之所见。

前二句"独怜幽草涧边生，上有黄鹂深树鸣"，写出了山涧水边的幽静景象，且流露着诗人喜好幽雅的恬淡胸怀。后二句"春潮带雨晚来急，野渡无人舟自横"，以闲情之笔，烘托诗人对自己无所作为的忧伤，引人遐思。四句合体细读，则可揣摩出韦应物宁愿做一株无人关注的山涧小草，也不愿意做风光无限的所谓大官。末两句更是以飞转流动之势，衬托闲淡宁静之景，可谓诗中有画，景中寓情。诗人以情写景，借景述意，写自己喜爱和不喜爱的景物，说自己合意和不合意的事情，从中也可发现诗人对平凡生活的关注。

知识拓展

　　韦应物（约公元737年—约公元792年），京兆万年（今陕西省西安市）人，曾先后任滁州、江州刺史，左司郎中和苏州刺史，所以有韦江州、韦苏州或韦左司之称。他的诗以摹写田园风物和隐逸生活闻名，亦有部分书写时政和民生疾苦的佳作。他的诗风恬淡高远，是唐代山水田园诗派的著名诗人，后人常以"王孟韦柳"（王维、孟浩然、韦应物、柳宗元）并称。代表作有《滁州西涧》《淮上喜会梁州故人》《寄全椒山中道士》《幽居》等。

　　"野渡无人舟自横"作为诗中名句，曾被宋代画院征用为招考画家的考题。彼时应试者为了契合"无人"这一诗眼，有画一只小船系在江岸杨柳树下的，也有画几只鹭鸶栖息在船篷顶上的，还有画几只乌鸦停在船尾舵柄上张口乱叫的，答卷可谓五花八门，但均未入选。胜出的反倒是一幅仅画了个艄公蹲在船尾吹笛子的画作。其实，"野渡无人舟自横"并不指小舟上没有艄公，而是表明当时没有往来渡河的行人。入选画作别出心裁地借助艄公蹲船尾吹笛子这一特定的画面，展现艄公无事可做、寂寞无聊的场景，传神地烘托出了苍茫旷野没有渡客的荒凉感。

38 游子吟

唐·孟郊

慈母①手中线，游子②身上衣。
临行③密密缝，意恐④迟迟归。
谁言⑤寸草⑥心⑦，报得⑧三春晖⑨。

诗意品析

母爱是古代诗歌的永恒主题之一，孟郊的《游子吟》更是被奉为表达游子之思、慈母之爱的经典之作。

诗歌以游子的口吻深情道来，出彩之处在于抓住了慈母为爱子缝制衣物的生活细节。开头两句，"慈母手中线，游子身上衣"，字句对偶，物象可感，以"线"与"衣"之间千丝万缕的关系，暗喻了"慈母"与"游子"之间骨肉相依、牵肠挂肚的深情。三四句"临行密密缝，意恐迟迟归"，通过笔墨不多的动作描写和心理描写，刻画了游子出行之前慈母赶制衣物的细致，密密麻麻的针脚也缝进了母亲绵绵不断的牵挂和战战兢兢的担心，越是担心游子迟归，越是希望把衣物缝制得结实耐穿，替自己为远行的孩子遮风挡雨。白描手法的动人之处，正在于聚焦生活细节，揭示平凡事物的动人之

词语释义

①慈母：慈爱的母亲，古谓父严母慈，故称母为慈母。
②游子：远游他乡作客的人。诗歌第一句中的游子，指诗人自己以及其他离乡的游子。 ③临行：即将离开。临：将要。 ④恐：担心。
⑤谁言：谁说。 ⑥寸草：小草，这里比喻微小。 ⑦心：双关，既指草木的茎干，也比喻子女的心意。 ⑧报得：能够报答。 ⑨三春晖：春天灿烂的阳光，指慈母之爱，形容母爱如春天温暖和煦的阳光滋养着子女。三春：旧称农历正月为孟春，二月为仲春，三月为季春，合称三春。晖：阳光。

处，几笔就将母亲的形象勾勒在读者眼前。

最后两句"谁言寸草心，报得三春晖"，直抒胸臆，情感升华。以反问的口吻道出："谁说儿子用寸草般的微小心意，能报答母亲如春日阳光般的恩情？"用春日阳光比喻母爱的滋养是博大深重、源源不断的，寸草虽然感知到深厚的温暖，但实在无以报答。

诗篇先是白描，后是比兴，语言平淡而真挚，场景日常而动人，一字一句无繁复雕琢，却情真意切，所以苏轼《读孟郊诗》评价孟郊的笔墨是"诗从肺腑出，出辄愁肺腑"。

知识拓展

孟郊（公元751年—公元814年），字东野，湖州武康（今属浙江省）人。他四十六岁才中进士，曾任溧阳尉、协律郎等职。他一生穷愁潦倒，但不苟同流俗。虽有韩愈、李观等人为他揄扬，却始终没能免于饥寒冻馁，被人称为"寒酸孟夫子"，又有"诗囚"之称。他与贾岛齐名，人称"郊寒岛瘦"。孟郊六十四岁时赴山南西道任官，到阌乡时因病去世。

《游子吟》写于德宗贞元十六年（公元800年），孟郊当时任职溧阳县尉，已经年近半百，结束了长年漂泊流离的生活，便将母亲接来同住。可见他经受世态炎凉之后，越发珍视母子情谊。该诗语言平实，却无一字不用深情。

39 晚春

唐·韩愈

草树知春不久归①，
百般红紫②斗芳菲③。
杨花④榆荚⑤无才思⑥，
惟解⑦漫天⑧作雪飞。

诗意品析

这首诗是《游城南十六首》之一，又题作《游城南晚春》。诗歌所写的是晚春时诗人于郊外所见的景色，拟人的手法贯穿全诗，可说是趣味盎然。诗题虽然是"晚春"，但是诗人眼中所见不是晚春迟暮的百花凋零之态，而是着墨于草木百花留春的生动场面：花草树木感知到春天即将过去，纷纷使出浑身解数，万紫千红，争奇斗艳；连榆荚杨花之类姿色平庸的草木也不甘示弱，像雪花一般漫天飞扬，加入到留春的行列中。草木本是无情物，暮春本是感伤的时节，但诗人体察入微，在笔墨中抒发前人所未感知的留春意趣，寥寥几笔写尽晚春动态美的一面。

这首诗歌能做到平中翻新的奇趣，得益于拟人手法的灵活运用。"知""斗""解"几个动词，描摹出草木有情之处；不论才思高低，留春之心都一般热烈，表现出草木的有趣之处。此外，还得益于耐人寻味的理趣。诗人通过草木留春之热情，暗含了自己对于每寸春光的珍爱之情。连杨花榆荚也热切地为晚春增添一抹别具动感的飞雪景致，抓住春天的尾巴，努力绽放自己平凡而尊贵的生命。

知识拓展

韩愈（公元768年—公元824年），字退之，唐代文学家、哲学家、思想家，河阳（今属河南省）人，祖籍昌黎（今属河北省），世称韩昌黎。晚年任吏部侍郎，又称韩吏部。谥号"文"，又称韩文公。他与柳宗元同为唐代古文运动的倡导者，主张学习先秦两汉的散文语言，反对形式主义的骈体文，主张文章应明畅易懂，语言应精练通俗。

诗歌《晚春》作于元和十一年（公元816年），当时韩愈在京任职，忤逆当政者，仕宦不得意。有趣的是诗人在元和八年（公元813年）也作过《晚春》诗："谁收春色将归去？慢绿妖红半不存。榆荚只能随柳絮，等闲撩乱走空园。"两首诗歌中出现的物象相似，但旨趣截然不同。其中，元和十一年所作诗歌中"杨花榆荚无才思，惟解漫天作雪飞"历来有不同的解读，一说是实写春景，如清人朱彝尊《批韩诗》云："此意作何解？然情景却是如此。"一说是诗句有讽刺之意，如刘永济《唐人绝句精华》认为"似有所讽"。结合当时创作时韩愈的仕途境遇，我们也可以理解为此句有诗人的谐谑自嘲之意。

40 竹枝词①（其一）

唐·刘禹锡

杨柳青青江水平，
闻郎江上唱歌声②。
东边日出西边雨，
道是无晴却有晴。

词语释义

①竹枝词：乐府近代曲名。又名《竹枝》。原是巴渝一带民歌，歌词多咏当地风物和男女爱情，富有浓郁的生活气息，流传很广。后诗人多以《竹枝词》为题写爱情和乡土风俗。它的形式为七言绝句。唐代诗人刘禹锡仿作《竹枝词》，现存十一首。 ②"唱歌声"一作"踏歌声"。 ③晴：与"情"谐音，诗人用谐音双关的手法，表面上说天气，实际上是说这情郎的歌声好像"无情"，又好像"有情"，难以捉摸。

诗意品析

　　这是一首描写青年男女爱情的诗歌。作者首先运用起兴的手法含蓄地表达了少女怀春的心理。"杨柳青青江水平"，描写少女眼前所见景物，这一句描写了杨柳青青，春水初涨的春日美景。春天，是一切动物和植物觉醒的季节，也是人的感情觉醒的季节。"闻郎江上唱歌声"这一句看似叙事，实则写这位少女在听到情郎的歌声时起伏难平的心潮。

　　接着，作者采用比喻的修辞和语意双关的手法，形象地表现了少女复杂的内心活动。"东边日出西边雨，道是无晴却有晴"，是两个巧妙的比喻，语意双关。"晴"和"情"谐音，"有晴""无晴"是"有情""无情"的隐语。"东边日出西边雨"，这句用语意双关的手法，既写了江上天气的多变，又把这个少女的迷惑、眷恋、希望等一系列的心理活动巧妙地描绘了出来。

这首诗以多变的春日天气来造成双关，以"晴"寓"情"，具有含蓄的美、贴切、自然地表现了女子那种含羞不露的内在感情。这类用谐声双关语来表情达意的民间情歌，源远流长。这首诗的最后两句成为后世人们所喜爱和引用的佳句。

知识拓展

刘禹锡（公元772年—公元842年），字梦得，洛阳（今属河南）人，唐代文学家、哲学家。中晚唐时期的著名诗人，有"诗豪"之称。其诗通俗清新，善用比兴手法寄托政治内容。《竹枝词》等组诗，富有民歌特色，为唐诗中别开生面之作。

《竹枝词》是吟咏风土人情的民歌体乐府诗。《竹枝词》原名《竹枝》《竹枝歌》《竹枝曲》，本是乐府曲名，最早是巴渝的一种民歌，人民边舞边唱，用鼓和短笛伴奏。赛歌时，谁唱得最多，谁就是优胜者。刘禹锡任夔州刺史时，非常喜爱这种民歌。他采用当地民歌的曲谱，制成新的《竹枝词》，描写当地山水风俗和男女爱情，富于生活气息。《竹枝词》体裁和七言绝句一样。但在写作上，多用白描手法，少用典故，语言清新活泼，生动流畅，民歌气息浓厚。

刘禹锡创作了多首《竹枝词》。这些作品从各个侧面表现夔州一带普通劳动人民的生活及风俗人情，展现了巴蜀地区的节物风光与生活、生产、爱情、娱乐等场景风貌。这组作品寓情于景，感情色彩也各有侧重，一方面既有民风习俗，另一方面又有个人境遇，语言明快浅近，清新活泼，生动流丽，具有浓郁的生活气息和地方特色。

刘禹锡的《竹枝词》影响深远，在民间流传很广，创作后不久便流传到长安、洛阳，成为流行的新歌词，并流传后世。

41　卖炭翁①

唐·白居易

卖炭翁，
伐薪②烧炭南山中。
满面尘灰烟火色③，
两鬓苍苍④十指黑。
卖炭得钱何所营⑤？
身上衣裳口中食。
可怜身上衣正单，
心忧炭贱愿天寒。
夜来城外一尺雪，
晓驾炭车辗⑥冰辙⑦。
牛困人饥日已高，
市⑧南门外泥中歇。
翩翩⑨两骑⑩来是谁？
黄衣使者白衫儿⑪。
手把⑫文书口称敕⑬，
回车叱⑭牛牵向北。
一车炭，千余斤，
宫使驱将⑮惜不得。
半匹红绡一丈绫⑯，
系向牛头充炭直⑰。

词语释义

①卖炭翁：选自《白氏长庆集》。本篇是组诗《新乐府》中的第三十二首，自注云："苦宫市也。"宫：皇宫。市：买卖。唐代皇宫里需要物品，由宫吏采买。中唐时期，宦官专权，以低价强购货物，甚至不给分文，这实际上是公开的掠夺。　②伐薪：砍柴。　③烟火色：被烟熏过的颜色。　④苍苍：灰白。　⑤何所营：做什么用。　⑥辗（niǎn）：同"碾"，碾压。　⑦辙：车轮滚过地面辗出的痕迹。　⑧市：集市。唐代长安城有东市西市，都是封闭、固定的做买卖的场所。　⑨翩翩：轻快洒脱的样子。这里形容得意忘形的样子。　⑩骑（jì）：骑马的人。　⑪黄衣使者白衫儿：皇宫内的太监和其手下的爪牙。黄衣使者：指

诗意品析

这是一首新乐府形式的叙事诗，描写了一位卖炭翁的痛苦经历，揭露了宫市的掠夺本质，体现了诗人对广大劳动百姓的深切同情。

开头四句，描述了一位卖炭老翁的形象。在山林里"伐薪、烧炭"，"满面尘灰烟火色，两鬓苍苍十指黑"，制炭需要经过复杂而漫长的工序，年复一年，岁月在这位辛苦劳作的老人脸上留下了烟尘的痕迹。灰扑扑的脸庞，白苍苍的鬓发，老而粗的双手上，十指因长期接触炭火而染得墨黑。"卖炭得钱何所营？身上衣裳口中食。"这用千辛万苦烧出来的炭换来的钱，是用来满足最基本的吃穿需求的，由此可以窥知卖炭翁的贫寒，这钱是他生活的全部指望！所以尽管"身上衣正单"，可为了这车炭能卖个好价钱，他还是希望天气再寒冷些。这一句有悖于常理的描写道尽了卖炭翁生活的艰难，也表达出作者对他的无限同情。

一夜的大雪让卖炭翁如愿以偿，所以清早他就顾不得天冷路滑，急着驱车赶往集市，想着这车炭能卖个好价钱。他好不容易将这一车炭运到了集市南门外，日已高悬，拉车的老牛也困顿不堪，更不用说这位忍受饥寒的老人了。这时，来了"翩翩两骑"，他们是"手把文书口称敕"的宫使。这段描写是本诗的高潮所在，让我们来看看宫使的罪恶行径："把""称""回""叱""牵""驱"，一连串的动作，容不得卖炭翁有半点反抗。这哪里是买卖，简直是明目张胆的抢夺，对百姓横行霸道的欺压！卖炭翁千辛万苦烧出的炭，就这样被夺走，只留下既不能御寒也不能充饥的"半匹红绡一丈绫"。这里，诗人没有描写卖炭翁的动作、神情和心理，但我们又怎能不去想象，这位可怜

皇宫内的太监。白衫儿：指太监手下的爪牙。　⑫把：拿。⑬敕（chì）：皇帝的命令或诏书。　⑭叱：吆喝。⑮驱将：赶着走。　⑯半匹红绡一丈绫：唐代商务交易，绢帛等丝织品可以代货币使用。当时钱贵绢贱，半匹纱和一丈绫，与一车炭的价值相比相差很远，这是官方用贱价强夺民财的行为。⑰系向牛头充炭直：挂在牛头上充当买炭钱。系：挂。直：通"值"，价格。

的老人辛辛苦苦的劳动成果，被这样轻易掠夺之后是怎样的无奈和绝望？他是如何饿着肚子，无力地拉着空车一步步走回山里？故事没有写完，戛然而止，这样的结尾含蓄深沉，足以引起读者对以卖炭翁为代表的广大劳苦百姓的深切同情，以及对宫使蛮横无理的暴虐行径的强烈谴责。

知识拓展

白居易（公元772年—公元846年），字乐天，号香山居士，新郑（今属河南省）人，是中国文学史上负有盛名且影响深远的唐代大诗人和文学家，有"诗魔"和"诗王"之称。

白居易大力倡导"新乐府运动"。"新乐府"是相对于"古乐府"而言的。郭茂倩《新乐府辞》序中说："新乐府者，皆唐世之新歌也。以其辞实乐府，而未尽被于声，故曰'新乐府'。"它指的是一种用新题写时事的乐府诗，不再以入乐与否做标准。白居易在《与元九书》中提出"文章合为时而著，歌诗合为事而作"。他认为诗不是简单的传情达意的工具，主张恢复古代采诗制度，提倡文学创作应该反映现实，"美刺比兴""因事立题"，用诗歌来表达对现实生活、政治理想的赞美、不满、告诫和希望，体现了强烈的现实主义精神。除白居易外，元稹、李绅、张籍、王建也是这一运动中的重要作家。

42 钱塘湖春行

唐·白居易

孤山寺①北贾亭②西，
水面初平③云脚低④。
几处早莺争暖树，
谁家新燕啄春泥。
乱花渐欲迷人眼，
浅草才能没⑤马蹄。
最爱湖东行不足，
绿杨阴里白沙堤⑥。

诗意品析

对于春天，历代文人多以深情的笔墨赞美。这首诗以"春"字为着眼点，写出了早春美景给游人带来的喜悦之情。

全诗语言灵动，特别是颔联、颈联写得极妙："争""啄""迷""没"，四个动词将春光中黄莺枝头婉转，燕子衔泥筑巢，早春花开遍地，草色青青的美景写得活灵活现；"浅草才能没马蹄"，又使景中有人，衔接自然，富有新意。著名美学家别林斯基曾说

词语释义

①孤山寺：南北朝时期陈文帝初年建，原叫承福寺，宋时改名广化寺。孤山：在今浙江省杭州市西湖的里、外湖之间，因与其他山不相接连，所以称孤山。　②贾亭：又叫贾公亭，西湖名胜之一，唐朝贾全所筑，故人称"贾亭"或"贾公亭"，该亭存至唐代末年。　③水面初平：湖水刚与堤平，即春水初涨。　④云脚低：白云重重叠叠，同湖面上连成一片，看上去，浮云很低，所以说"云脚低"。　⑤没(mò)：本指水漫过，这里指草遮盖住。　⑥白沙堤：即今白堤，又称沙堤、断桥堤，在西湖东畔，唐朝以前已有。白居易任杭州刺史时所筑之堤在钱塘门北，并非此处的白沙堤。

古典诗词品读

过，诗人是用形象和图画说话的。我们再细细品味这两句，就会发现诗中还暗含缤纷的色彩：鹅黄色的早莺，黑白相间的燕子，五颜六色的繁花，嫩绿的浅草。虽不着一字，却尽显春光的明媚多彩。

诗的结构也很精妙，品读时我们的目光似乎也跟着诗人信马由缰，从孤山寺到湖东白沙堤，一路抚过西湖的醉人风光，在不知不觉中被作者对春天、对生命的满腔热情所深深地感染和打动。

知识拓展

文学史上流传着一个"居大不易"的小故事。贞元三年（公元787年），十六岁的白居易从江南来到京都长安，带着自己的诗稿去拜望名士顾况。顾况看到诗稿上"白居易"的名字，便开玩笑说："长安米正贵，居住不容易啊！"等到翻看诗稿，读到"离离原上草，一岁一枯荣。野火烧不尽，春风吹又生"（《赋得古原草送别》）时，不禁连声称赞："好诗好诗，诗人这么有文采，要想在长安居住下去又有什么难！"后来，顾况经常向别人谈起白居易的诗才，并大加夸赞，白居易的诗名就这样传开了。

43 江雪

唐·柳宗元

千山鸟飞绝①，万径②人踪③灭。
孤舟蓑笠④翁，独⑤钓寒江雪。

诗意品析

这首五言绝句是柳宗元的代表作之一。

诗人所要描写的场景本是极简单的：一条小船，一个穿蓑衣戴斗笠的老渔翁，在大雪覆盖的江面上钓鱼，如此而已。但为了突出这极简单的描写主体，诗人首先用"千山""万径"展现了孤独渔翁所处背景的广大寥廓。用"千""万"两字的广大，衬托"孤""独"的渺小；用"绝""灭"两字的孤绝，衬托"孤""独"的寂寥、清冷。于是，在千山耸立、万径纵横、山无鸟飞、径无人行的广阔、寂寥、清冷环境的陪衬下，垂钓者孤独的形象跃然而出。"孤""独"两字准确形象地刻画出垂钓者远离尘俗、清高脱俗、傲岸不群的个性特征。

这首诗题为"江雪"，前三句却不见一个雪字，纯用烘托之笔。结句才出现"雪"，那水天不分、上下苍茫一片的雪景就赫然眼前了。

这是柳宗元被贬永州后所写的作品。他此时精神上受到很大的刺激和压抑，于是，他就借描写山水景物，借歌咏在白雪茫茫的寒江上独钓的渔翁，来寄托自己清高孤傲的情感和孤独郁闷的心情。

> **词语释义**
>
> ①绝：无，没有。　②万径：虚指，指千万条路。　③人踪：人的脚印。　④蓑笠：蓑衣和斗笠。蓑：古代用棕等编制的防雨衣服。笠：古代用竹篾编成的用来防雨的帽子。　⑤独：独自。

知识拓展

柳宗元（公元773年—公元819年），字子厚，唐代著名文学家、思想家，唐宋八大家之一。祖籍唐代河东（今山西运城），著有《柳河东集》。因为他是河东人，故人称柳河东，又因终于柳州刺史任上，故又称柳柳州。

唐宪宗元和十年（公元815年）六月，柳宗元被贬官来到柳州任刺史，至元和十四年（公元819年）十一月八日，病逝于柳州。他在柳州的时间虽然仅四年，却为柳州黎民百姓办了很多好事。

第一是释放奴婢。柳宗元发布政令，使得那些沦为奴婢者可出钱赎回人身，恢复自由，回家与亲人团聚。第二是兴办学堂。柳宗元上任后，亲手创办了很多学堂，并采取各种方法鼓励孩童积极念书，从根本上提高了当地人民的素质。第三是开凿水井。他在从来不敢打井的柳州，接连打了好几眼井，世世代代靠天吃饭，靠喝雨水和河水长大的柳州人，从此喝上了干净甘甜的地下水。

柳宗元在柳州的四年，从他个人的角度来说，是他政治生涯中令人叹息的结尾。但作为柳州历史上名垂青史的好官，他付出的精力和做出的贡献，促进了柳州地方文明的发展，具有深远的影响。

44 闺意献张水部^①

唐·朱庆馀

洞房^②昨夜停红烛^③，
待晓堂前拜舅姑^④。
妆罢低声问夫婿，
画眉深浅^⑤入时无^⑥？

诗意品析

　　从诗面上看，这首诗描绘了一幅新婚夫妇的闺房趣事图。喜庆的新婚洞房，明亮的红烛彻夜高照。第二天早上，新嫁娘便早早地起来，精心梳妆打扮，为了在第一次拜见公婆时留下个好印象。新娘细致化好精致的妆容，心里却还是有些不放心，于是她羞涩温柔地问丈夫，画眉的浓淡是否合适。"待""低声"，这些人物的细节描写，非常传神地表现出新娘内心的喜悦、紧张和期待。

　　莱辛在《拉奥孔》中说："艺术家的创作，不是让人一看就了事，还要人玩索。"这首诗同样令人玩味。本诗的诗意不止面上所述，读到题目，便会发现这是一首献给水部员外郎张籍的诗。唐代科举不仅靠卷面文章，门第、声望，当时名流的推荐褒扬也是很重要的因素。《闺意献张水部》这首诗就是朱庆馀请张籍指点，自己的才学能否被主考官赏识。可又不好直白地提问，于是诗人运用比喻的修辞手法，以新娘自比，以新郎来比张籍，以公婆来比考官，征求张籍的意见。因为没有把握，又羞涩紧张，诗人便用"低声问"三个字，含蓄委婉地表达出内心的忐忑与期待。这种微妙复杂的心情，恰好与新嫁娘见公婆前的心情有着惊人的相似之处，用此作比，新颖别致，不落俗套。"入时无"三个字，也正应本诗的寓意，读到这里自然令人心领神会。

知识拓展

张籍在收到这首诗后回复了一首《酬朱庆馀》，给了朱庆馀一个明确的答复：

越女新妆出镜心，自知明艳更沉吟。

齐纨未足时人贵，一曲菱歌敌万金。

朱庆馀用了比喻的手法创作，张籍的这首回复诗也同样运用了比喻的手法。朱庆馀是越州（今浙江省绍兴市）人，因此张籍将他比作越州镜湖的采菱女，精致打扮后出现在镜湖的湖心，那样明艳美丽，光彩照人，仍暗自沉吟。"新妆"与原诗中的"新妆"相呼应，"更沉吟"与原诗中的"低声问"相呼应。诗的后两句回答了朱诗中的提问：采菱女的歌声清澈嘹亮，绝美的歌喉令世人欣赏叹服，真正抵得上万金。那些身穿贵绫罗绸缎的其他女子又岂能和她相比？这一答复十分巧妙，一语双关，打消了朱庆馀"入时无"的顾虑，与朱诗相得益彰，流传诗坛，成为千古佳话。

45 雁门太守行①

唐·李贺

黑云②压城城欲摧③，
甲光向日金鳞开④。
角⑤声满天秋色里，
塞上燕脂⑥凝夜紫⑦。
半卷红旗临⑧易水⑨，
霜重鼓寒声不起⑩。
报⑪君黄金台⑫上意，
提携玉龙⑬为君死。

诗意品析

《雁门太守行》是描写战争场面的名篇。诗人没有直接描写短兵相接的激烈场面，而是从宏观景象出发作了极富感染力的描绘。

前四句将景色与战事融合在一起，渲染军临城下的紧张危急氛围。"黑云压城城欲摧"，用"黑云"形容敌军的来势汹汹，一个"压"字暗示敌军人马众多，守军将士处境困顿。"甲光向日金鳞开"一句将视角转写城内的守军，仿佛是一缕日光刺穿了"黑云"的压迫感，金光闪闪地映照在守军的铠甲上，士兵们纷纷披坚执锐，严阵以待。三、四句分别从听觉、视觉渲染战时气氛。秋天本是肃杀的季节，为战争更添悲壮。"角声满天"暗示着守军在号角声的鼓舞下士气高昂，奋力反击。"凝夜紫"暗示着战斗的时间之长，从白昼持续到夜幕，攻守双方士兵伤亡惨重，胭脂般的血迹与泥土凝结成暗紫色。

河上源支流，源出今河北省易县，向东南流入大清河。易水距塞上尚远，这里借荆轲刺秦的故事以表达悲壮之意。战国时荆轲前往刺杀秦王，燕太子丹及众人送至易水边，荆轲慷慨而歌："风萧萧兮易水寒，壮士一去兮不复还！" ⑩不起：夜寒霜重，鼓声低沉不扬。 ⑪报：报答。 ⑫黄金台：故址在今河北省易县东南。《战国策·燕策》载燕昭王求士，筑高台，置黄金于其上，广招天下人才。 ⑬玉龙：宝剑的代称。

后四句一般认为是在写驰援部队。"半卷红旗临易水"，"半卷"二字道出了黑夜行军的偃旗息鼓；"临易水"暗示了"风萧萧兮易水寒，壮士一去兮不复还"的壮烈豪情。同时又着笔环境进行衬托，夜寒霜重以至于战鼓也擂不响。最后一句仿佛是战士们期望功成名就以报效君王的内心独白："报君黄金台上意，提携玉龙为君死。"

诗歌中最妙之处在于战争场面中色彩的运用，有充满压迫性的黑色，有夺目反抗的金色，有瑰丽凝重的紫色，有勇猛奋进的红色，各种色调形成奇诡的冲突，交织成整个斑斓又残酷的战争场面。用浓墨去渲染生死不定的战场，正是体现了李贺作诗的奇诡特色，但同时又和谐得体地描绘了一定时空格局之下的战争动态和塞外风云，结尾不乏战士情怀的抒发，充分调动了读者的感官，令人耳目一新，倍感真实，可谓是诗鬼的精妙绝才。

▍知识拓展

李贺（约公元791年—约公元817年），字长吉，唐代福昌（今河南洛阳宜阳）人，家居福昌昌谷，后世称李昌谷，是唐宗室郑王李亮后裔。有"诗鬼"之称，是与

"诗圣"杜甫、"诗仙"李白、"诗佛"王维齐名的唐代著名诗人。

关于《雁门太守行》，坊间流传着一个有趣的故事。根据《唐语林》记载，当时李贺用诗歌拜谒韩愈。韩愈是国子博士分司，公事繁忙，刚送客回去，十分困倦，边解衣带边读李贺呈上来的诗歌。读到《雁门太守行》开头的"黑云压城城欲摧，甲光向日金鳞开"时，被李贺的才华所惊艳，立即放弃休息，命人出门迎接李贺。

46 江南春

唐·杜牧

千里莺啼绿映红，

水村山郭①酒旗②风。

南朝③四百八十寺④，

多少楼台⑤烟雨⑥中。

词语释义

①山郭：修建在山麓的城池。郭：外城。 ②酒旗：酒帘，高悬在酒店外的标志。 ③南朝：公元420年至公元589年，南方宋、齐、梁、陈四个王朝的合称。④四百八十寺：南朝皇帝和大官僚好佛，在京城(今江苏省南京市)大建佛寺。据《南史·循吏·郭祖深传》说："都下佛寺五百余所。"这里说四百八十寺，是大概数字。 ⑤楼台：指佛寺中的建筑。 ⑥烟雨：如烟般的蒙蒙细雨。

诗意品析

"千里莺啼绿映红，水村山郭酒旗风。"一开篇，诗人就把我们带入了江南那柳绿花红、莺歌燕舞、繁荣祥和的纯美境界。"千里"极言地域之辽阔广大，一个"千里莺啼"响彻了整个江南，"绿映红"掩映了整个江南；"水村"与"山郭"又把迎风招展的"酒旗"挂遍了整个江南。江南的春天，有红绿色彩的映衬，有山水的映衬，有村庄和城郭的映衬，有动静的映衬，有声色的映衬，景色丰富多彩。作者用"江南春"三个字包容了无边无际的江南美景，将实见、实听与联想、虚想结合起来，描绘出一幅绝美的"江南初春图"。

"南朝四百八十寺，多少楼台烟雨中。"从前两句诗看，描绘的是晴天景象，但这两句写的却是烟雨之景。千里江南，阴晴不同，风景迥异。金碧辉煌、屋宇重重的佛寺，本来就给人一种深邃的感觉，现在诗人又将它们掩映于迷蒙的烟雨之中，更增加了一种朦胧迷离的色彩。这样的深邃迷离，与"千里莺啼绿映红，水村山郭酒旗风"的明朗绚丽相映，就使得这幅"江南春"的图画变得更加丰富多彩。"南朝"二字更给这幅画面增添了一种历史的沧桑感。"四百八十"是虚指，形容庙寺之多。诗人在这里不说"江南四百八十寺"，而说"南朝四百八十寺"，显然不仅是为了写眼前的景致而写景，而是在赏叹之中蕴含对南朝朝政的讥讽与批判，这样一来无疑就大大地丰富了诗作的内涵。

诗人把握住了江南春色的特征，层层渲染，将晴日之明朗与雨天之迷蒙，层次丰富而又色调错杂地绘出，既写出了江南春景的明远绚丽，又写出了它的深邃迷离，表现了作者对江南春景的高度赞美及对历史兴衰的无限感慨。

知识拓展

杜牧（约公元803年—公元852年），字牧之，号樊川居士，是唐代杰出的诗人。因晚年居长安南樊川别墅，故后世称"杜樊川"，著有《樊川文集》。杜牧的诗歌以七言绝句著称，内容以咏史抒怀为主。其诗英发俊爽，多切经世之物，在晚唐成就颇高。杜牧人称"小杜"，以别于杜甫之"大杜"，与李商隐并称"小李杜"。

杜牧26岁时中进士。关于他中进士，坊间流传着这样一个故事。当时，崔郾(yǎn)侍郎奉命到东都洛阳主持进士科考试，百官公卿都到城门外摆好酒席为其饯行。此时太学博士吴武陵也前来凑热闹。吴老向崔郾力荐杜牧为状元，只因杜牧的《阿房宫赋》写得太好。吴武陵字正腔圆、摇头晃脑地将《阿房宫赋》诵读给崔郾听。崔郾也大觉其妙。只是状元已被他人预定，但是在吴武陵的坚持下，崔郾同意杜牧以第五名进士及第。虽然后来有人说杜牧品行不太好，不拘小节，喜欢出入风月之地，但崔郾还是遵守了他对吴武陵的承诺。皇榜公布后，杜牧曾赋诗一首来表达自己的喜悦："东都放榜未花开，三十三人走马回。秦地少年多酿酒，却将春色入关来。"

47 商山①早行

唐·温庭筠

晨起动征铎②，客行悲故乡③。
鸡声茅店月，人迹板桥霜。
槲④叶落山路，枳⑤花明驿墙⑥。
因思杜陵⑦梦，凫雁⑧满回塘⑨。

诗意品析

　　这首诗歌创作于诗人离开长安经过商山的旅途中。诗歌描写的是初春时节的所见所闻，蕴含着羁旅愁思。全篇由马车上早行的铃铛声引发，奠定了诗歌"客行悲"的情感基调。

　　颔联两句"鸡声茅店月，人迹板桥霜"最为脍炙人口。诗句看似随意择取和拼凑了几个羁旅中的典型物象：鸡声、茅店、月、人迹、板桥、霜，却无不情景交融，意在言外，组合成"千古画稿"。鸡鸣和月暗示着出行时间之早，茅店是山中旅居的典型意象，自有一种淳厚质朴的真实感；桥上的白霜还没有消解，留下远行人三三两两的足迹，意

词语释义

①商山：山名，又名尚阪、楚山，在今陕西商洛东南。作者曾于大中末年离开长安时经过这里。　②动征铎：震动出行的铃铛。征铎：车行时悬挂的铃铛。铎：大铃。　③悲故乡：思念故乡。　④槲（hú）：一种落叶乔木。　⑤枳（zhǐ）：也叫"臭橘"，一种落叶灌木或小乔木，枳树春天开白花。　⑥驿（yì）墙：驿站的墙壁。驿：古时候递送公文的人或来往官员暂住、换马的处所。　⑦杜陵：地名，在长安城南（今陕西西安东南），古为杜伯国，秦置杜县，汉宣帝筑陵于东原上，故名杜陵。这里指长安。作者此时从长安赴襄阳投友，途经商山，因而想起在长安时的梦境。　⑧凫（fú）雁：野鸭和大雁。⑨回塘：岸边曲折的池塘。

境清冷中尽显羁旅之苦。"槲叶落山路，枳花明驿墙"两句，描写的是路途中的景色：槲叶在树枝早春发嫩芽时纷纷脱落，具有冷寂之中的动态美；由于天色刚亮，驿墙旁边的枳花格外引人注目，白得恍若散着微光，尽显早行之路的寂美空灵。

诗歌以故乡梦境收尾，虚实相融，用梦中之景传达自己渴望回乡之情。春天的故乡，池塘回暖，凫雁游弋；而自己却是漂泊在外，何尝不想回到温暖的故乡呢？

知识拓展

温庭筠（约公元812年—公元866年），唐代诗人、词人。本名岐，字飞卿，太原祁县（今属山西省）人，文思敏捷，精通音律。据说温庭筠叉手一吟便成一韵，八叉八韵即告完稿，所以也有"温八叉"的称号。温庭筠为人恃才不羁，讥刺权贵，多犯忌讳。他的一生于政治上很失意，不仅屡次应试不中，而且因为语言多有冒犯权贵，开罪了皇帝和宰相（唐宣宗和令狐绹），所以长期被摈抑，只好到处流转，做一个落泊才子。直到晚年他才任方城尉和国子监助教，世称"温方城""温助教"。

温庭筠的词多写闺情，风格明艳。由于他精于词调，对词这种文学样式的发展起了很强的推动作用，只是题材较为狭窄。他在作词方面取得了杰出的艺术成就，是"花间派"的首要词人，与韦庄齐名，并称"温韦"。温庭筠在诗歌方面的成就虽然不及词，但内容较为丰富，也有反映现实之篇。不仅有语言华丽之作，亦有清拔脱俗之体。其诗成就与李商隐齐名，时称"温李"。

48 无题（其一）

唐·李商隐

昨夜星辰昨夜风，
画楼①西畔桂堂东。
身无彩凤双飞翼，
心有灵犀②一点通。
隔座送钩③春酒暖，
分曹④射覆⑤蜡灯红。
嗟⑥余⑦听鼓⑧应官⑨去，
走马兰台类转蓬⑩。

诗意品析

清人刘熙载在《艺概》中说："杜樊川诗雄姿英发，李樊南诗深情绵邈。"深情绵邈是李商隐爱情诗的突出特征。这是一首有作者自己直接出场的无题诗，抒写了对昨夜偶然相遇、旋即又分离的意中人的怀想。

开头以昨夜的景色入手，却未具体叙写昨夜的情事，而只是借助星辰夜风的点染，画楼桂堂的映衬，并运用富有韵律的句式，烘托出一种温馨旖旎、华贵流转的环境气

词语释义

①画楼：比喻富贵人家的屋舍，下面"桂堂"也是此意。
②灵犀：旧说犀牛神异，角中有白纹如线，直通两头。这里用来比喻相爱双方之间的心灵感应。　③送钩：也称藏钩，古人酒席间的一种游戏，分两组以较胜负，把钩互相传送后，藏于一人手中，让人猜钩在何人之手。　④分曹：分组。　⑤射覆：在覆器下放着东西让人猜。分曹、射覆未必是实指，只是借喻宴会时的热闹游戏。　⑥嗟：叹词。　⑦余：我。　⑧鼓：指报更的鼓。鼓响天明，即须上班。　⑨应官：上班。　⑩走马兰台类转蓬：从字面看诗人随即要骑马到兰台，就像是飞转的蓬草，实际上也是隐含了自己感伤飘零的意思。兰台：即秘书省，掌管图书秘籍，李商隐曾任秘书省正字。

氛。颔联两句以对仗工整的句式，由追忆昨夜回到现实心境：尽管没有像彩凤那样的双翅可以飞越距离的阻隔，去与对方相会，彼此的心却像神奇的犀角，自有一线相互牵连。空间相隔遥远，只要心有爱情，就可以感受到彼此的存在，于是在苦闷中生出一丝爱情的神奇希望。

"隔座送钩春酒暖，分曹射覆蜡灯红"这一句又将回忆拉到与意中人相遇的情境之中，宴席上满是欢声笑语，觥筹交错间众人隔座送钩，分曹射覆，灯烛映照之下佳人的脸庞仿佛也若隐若现，可以说是酒不醉人人自醉。

然而，惨淡的现实又一次将诗人的怀想击碎，令人嗟叹。在偶然的遇见和彻夜的思念之后，更鼓声提醒诗人去兰台上班的时间又到了，于是诗人就像是漂流飞转的蓬草，满怀哀伤。诗歌最后将爱情间隔的怅惘和身世飘零的感慨结合，更添细腻悲凉的感伤。

知识拓展

李商隐（公元813年—公元858年），字义山，号玉溪生、樊南生，唐代著名诗人，祖籍河内（今河南省焦作市）沁阳。他是晚唐最出色的诗人之一，和杜牧合称"小李杜"，与温庭筠合称为"温李"。因诗文与同时期的段成式、温庭筠风格相近，且三人都在家族里排行第十六，故并称为"三十六体"。李商隐处于牛李党争最激烈之时，终身坎坷。李商隐的诗歌以爱情诗成就最高，感情真挚，意象密集，一往情深，细腻深沉，哀艳清丽，形成深情绵邈的特点。

李商隐的诗作往往朦胧难解，有些诗作引起了后人不同的理解。如著名的《锦瑟》："锦瑟无端五十弦，一弦一柱思华年。庄生晓梦迷蝴蝶，望帝春心托杜鹃。沧海月明珠有泪，蓝田日暖玉生烟。此情可待成追忆，只是当时已惘然。"其中借用庄生梦蝶、杜鹃啼血、沧海珠泪、良玉生烟等典故，运用丰富的联想，创造出朦胧的境界。有人认为这首诗是描写与名为"锦瑟"的女子恋情的爱情诗，有人认为是为已故妻子所写的悼亡诗，有人认为是自伤诗，还有人认为是政治隐射诗，千百年来纷纭不一，诗家素有"一篇《锦瑟》解人难"的慨叹。

49 菩萨蛮

唐·韦庄

人人尽说①江南好，游人②只合③江南老④。春水碧于天⑤，画船⑥听雨眠。

垆边⑦人似月，皓腕凝霜雪⑧。未老莫还乡，还乡须断肠⑨。

诗意品析

关于这首词的"江南"究竟指的是什么地方向来比较有争议，一说是当时韦庄滞留在蜀地，"江南"指代蜀地，一说是韦庄客居江南时所作，就是指江南。无论是蜀地还是江南，都不是词人的故乡。我们在赏析的时候更倾向于将"江南"看作实际上的江南。

词的上阕从大众对于江南的印象出发，以白描的手法勾勒了江南的典型风物和景观。就算是漂泊在江南的游人，也希望终老在这里。寥寥几笔，勾画出了在春水和碧空之间，画船徜徉，听雨入眠，闲适清新的景致。下阕由景及人，引用了卓文

词语释义

①尽说：都说。 ②游人：这里指漂泊江南的人，即作者自称。 ③只合：只应，只该。 ④老：终老。 ⑤碧于天：比天色更加碧蓝。 ⑥画船：用图案等装饰的华丽船只。 ⑦垆边：指酒家。垆：旧时酒肆中的土台，用于放置酒瓮。垆边人指的是酒肆里面的卖酒女郎。这里用的是卓文君当垆卖酒的典故。 ⑧皓腕凝霜雪：形容卖酒女手腕洁白如雪。凝霜雪：像凝聚的霜雪那样洁白。 ⑨未老莫还乡，还乡须断肠：未老不要还乡，还乡心里一定会很难过。当时北方战乱，词人的家乡饱经战祸，破坏程度严重，所以他不忍心还乡。须：一定。断肠：形容十分伤心。

君当垆卖酒的典故，刻画出如月一般动人温婉的女子，词人特别将视角聚焦在女人打酒时纤细洁白的手腕上，美人之姿跃然眼前。

词的最后一句最能体现出韦庄词"似直而纤，似达而郁"的特点。韦庄这首词看似浅白易懂，景象淡丽，但仔细推究，用笔委婉曲折；在情感表现上，似乎是旷达闲适，沉醉美景美人，实则含蓄沉郁。还乡的隐忧始终横亘在词人心间，因为一旦年老就不得不还乡，而还乡就是断肠之痛苦。这种痛苦来自当时中原正遭受的战乱，词人在江南避难实属身不由己，对故土的感念终究会随着岁月愈发深沉。虽说是道尽了江南的"好"，但最终还是落笔在故乡的"哀"上，兼有平生漂泊之感、饱经离乱之痛和思乡怀旧之情，可谓是泪溢中肠，沉郁悠长。

知识拓展

韦庄（约公元836年—公元910年），五代前蜀诗人、词人。唐初宰相韦见素的后人，父母早丧，家贫而苦读，才敏过人，与温庭筠齐名，并称"温韦"。广明元年（公元880年），韦庄四十五岁，在长安应举，黄巢军攻入长安后，长安陷于战乱，中年的韦庄与弟妹失散。中和二年（公元882年），韦庄离开长安前往洛阳，不久又到江南躲避战乱，五十八岁才回到长安。

韦庄词作语言清丽，多用白描手法，写闺情离愁和游乐生活，情感仿佛是凝结在词中，只有细读才能慢慢化开，弥漫于肺腑。韦庄的代表作长篇叙事诗《秦妇吟》，与《孔雀东南飞》《木兰诗》并称"乐府三绝"。《秦妇吟》长达1666字，为现存唐诗中最长的一首。该诗通过一位从长安逃难出来的女子，即"秦妇"的叙说，描写了黄巢起义军从攻占长安，称帝建国，与唐军反复争夺长安以及最后在城中被围绝粮的情形。

50 相见欢

南唐·李煜

无言独上西楼①，月如钩。寂寞梧桐深院锁清秋②。

剪不断，理还乱，是离愁③。别是一般滋味④在心头。

词语释义

①西楼：指西边的楼。 ②清秋：凄清的秋色所。 ③离愁：指去国之愁。 ④别是一般滋味：另有一种滋味。"别是一般"：也作"别是一番"。别：另外的。

诗意品析

　　南唐后主李煜是一位文学才华出众的词人，却不是一位成功的君王。宋太宗开宝八年（公元975），李煜放弃抵抗出城受降，被幽居于大宋汴梁一座深院小楼中。这首词，就是在他家破国亡，由一代君王沦为阶下囚时所作。

　　首句"无言独上西楼"，展现出一派落寞孤独的场景。"无言"，无人可以言说，胸中的苦闷难以释怀。既然无人能说，无人能懂，那便只能独自登楼。寥寥的六个字里，就能感受到词人用沉重缓慢的脚步，缓缓地登上西楼的场景。抬头看，"月如钩"，如钩的残月，勾起无限过往的思念。月还是那轮月，可当时莺歌燕舞的浮华盛世，而今已物是人非，转眼成空。低头望，"寂寞梧桐深院锁清秋"，梧桐的残叶在秋风中瑟缩，凄清秋色连同寂寞的人儿一同被"锁"在了院子里。这里连用了"梧桐""深院""清秋"三个意象，营造出凄清寂寥的气氛。

　　眼前的景象令词人感慨，愁绪涌上心头。词人用了新奇的比喻，将这无边无际难以消散的离愁，比作缠绵不绝的丝线，"剪不断，理还乱"。荣华富贵已成过眼云烟，国破家亡的悲痛，备受屈辱的凄惨生活，一幕一幕在眼前交织，种种苦楚如一团乱麻，萦绕心头，哽咽喉头。"别是一般滋味在心头"，这是专属于这位君主的悲哀，曾经万人之上，如今阶下之囚。所有的愁苦辛酸只能由自己强压心底，独自品味。无奈的笔调中满是亡国之君的沉郁悲痛，词虽尽而意无穷。

知识拓展

"楼"是中国古代文学作品中经常出现的意象。亭台楼阁，不仅是极富欣赏价值的建筑景观，也承载着文人墨客的思绪情怀。著名的楼台如"黄鹤楼""岳阳楼""滕王阁""醉翁亭""望湖楼"等常出现在古诗词中。文人墨客登楼远眺，饮酒赋诗，在高楼之上怀古思今，赋予了"楼"更多的文化内涵。如辛弃疾《水龙吟·登建康赏心亭》："落日楼头，断鸿声里，江南游子。把吴钩看了，栏杆拍遍，无人会，登临意。"陈亮《念奴娇·登多景楼》："危楼还望，叹此意，今古几人曾会？"

古代女子生活范围狭小，"楼"成了她们最熟悉的建筑，在楼上远眺也成了她们能看到的这个世界的最远距离。身在楼中，思念却在楼外。李清照《念奴娇·春情》的"楼上几日春寒，帘垂四面，玉阑干慵倚"，温庭筠《望江南》的"梳洗罢，独倚望江楼。过尽千帆皆不是，斜晖脉脉水悠悠。肠断白蘋洲"，同样表现出女子登高远望，深情期盼，独自等待着离人的场景。此外，"西楼"因位于建筑西边最方便观月，在古代文学中常常和月的意象联系在一起，如李清照《一剪梅》"雁字回时，月满西楼"，韦应物《寄李儋元锡》中有"闻道欲来相问讯，西楼望月几回圆"等。

51 # 虞美人

南唐·李煜

春花秋月何时了①，往事知多少。小楼昨夜又东风，故国不堪回首月明中。

雕栏玉砌②应犹③在，只是朱颜改④。问君⑤能有几多愁？恰似一江春水向东流。

诗意品析

　　这首词是南唐后主李煜被囚期间所作，充满了故国之思，亡国之恨。"春花秋月何时了，往事知多少。"春花秋月，良辰美景，原本最令人赏心悦目，令人无尽留恋向往。然而，词人却感叹"何时了"。李煜当年尚为国君时，纵情声色，"车如流水马如龙，花月正春风"。无限美好的回忆被眼前的美景倏然唤醒，过往的种种欢愉历历在目，经历世事沧桑，世态炎凉，那根敏感的心弦一经触碰，怎能不心生伤悲？"往事知多少"，既是对过往种种的无尽回忆，也多少有些悔恨之意。

　　"小楼昨夜又东风，故国不堪回首月明中。"一个"又"字，点明李煜归宋已过数年，时光流逝，家国俱灭，如今只能在清冷的月光下偷偷思念故国，写尽了苍凉和无奈。"雕栏玉砌"应当还在，然而如今早已物是人非。

"朱颜"既是指当年宫女们年轻美丽的容颜，也是指故国易主，江山不再，想到此更是悲从中来。最后的千古名句"问君能有几多愁？恰似一江春水向东流"，运用设问、比拟、夸张的手法，埋藏心底多时的悲愤、苦楚、懊悔、伤痛，宛若百般曲折回旋的长江水，最终一泻千里，奔涌而下。这一声长叹，淋漓尽致地展现了词人绵延不绝的愁苦。

这样的愁，与贺铸"试问闲愁都几许，一川烟草，满城风絮，梅子黄时雨"的闲愁不同，与柳永"衣带渐宽终不悔，为伊消得人憔悴"的情愁不同，与李白"白发三千丈，缘愁似个长"的愁也不同。这份愁，来得更深远、更厚重，是国破家亡的屈辱，是回肠百结的苦痛，它绵延千里，在文学的长河中成为绝响。

知识拓展

这首《虞美人》是李煜的代表作。传说这首词在他生日之夜弹唱，从而招致杀身之祸。王铚《默记》记载："后主在赐第，因七夕，命故妓作乐，声闻于外。太宗闻之，大怒。又传'小楼昨夜又东风'及'一江春水向东流'之句，并坐之，遂被祸云。"

据说李煜是被宋太宗赐药酒毒死的，这种毒药叫"牵机药"。《默记》载："牵机药者，服之前却数十回，头足相就如牵机状也"。服下这种毒药后，人的头部会开始抽搐，最后与足部佝偻相接而死，状似牵机，因而得名。可怜曾经一代南唐国君，最后竟以如此悲惨屈辱的方式结束了他的一生。

52 苏幕遮①

宋·范仲淹

碧云天，黄叶地，秋色连波，波上寒烟翠②。山映斜阳天接水，芳草无情，更在斜阳外③。

黯乡魂④，追旅思⑤，夜夜除非，好梦留人睡。明月楼高休独倚，酒入愁肠，化作相思泪。

诗意品析

这首词是宋代文学家范仲淹所作，抒写了羁旅思乡之情。题材虽未脱离传统的离愁别恨的范围，意境之阔大却是这类词所少有的。

抒发羁旅乡愁的词，往往借景抒情。这首词也不例外。作者开篇就浓墨重彩地描绘景色。上阕所写之景，视角由上及下，由近到远，气象阔大，意境深远。"碧云天，黄叶地"二句，一高一低，一俯一仰，展现了天高地阔的苍莽秋景。词句从大处落笔，浓墨重彩地展现出一派长空湛碧、

词语释义

①苏幕遮：原唐教坊曲名，来自西域，后用作词牌名。双调，六十二字，上下阕各五句。　②波上寒烟翠：江波之上笼罩着一层翠色的寒烟。烟本呈白色，因上连碧天，下接绿波，远望即与碧天同色。　③芳草无情，更在斜阳外：草地绵延到天涯，似乎比斜阳更遥远。"芳草"常暗指故乡，因此，这两句有感叹故乡遥远之意。④黯乡魂：因思念家乡而黯然伤神。黯：形容心情忧郁。乡魂：即思乡的情思。　⑤追旅思：撇不开羁旅的愁思。追：追随，这里有缠住不放的意思。旅思：旅居在外的愁思。思：心绪，情怀。

大地橙黄的高远境界。

"秋色连波，波上寒烟翠"两句，写出这碧天广野的秋色一直延伸到远方，连接着天地尽头的森森秋江。江波之上，笼罩着一层烟雾。因上连碧天，下接绿波，这烟霭也呈翠色。而"寒"字，则由景生情，通过翠色烟霭给人以秋意略寒之感。这两句境界悠远，与前两句高广阔大的境界互相配合，由近及远地展现了一幅由碧云、黄叶、寒波、翠烟组成的极为辽阔而多彩的秋色图。

而"山映斜阳天接水"三句又将青山、斜阳、芳草摄入画面，使天、地、山、水融为一体，交相辉映。景物从目之所及延伸到想象中的天涯。"芳草"这一意象可引发相关的联想。自从《楚辞·招隐士》写出了"王孙游兮不归，春草生兮萋萋"以后，在诗词中，"芳草"往往与思乡别情相联系。这里的"芳草"，同样是乡思离情的象征。可它遥接天涯，远连故园，更在斜阳之外，使瞩目望乡的游子难以目及，故有"无情"之说。此句，由眼中实景转为意中虚景，离情别绪已隐寓其中。埋怨"芳草"无情，正见出作者的重情。词写到此，逐渐由写景转而写思乡离情。

该词上阕写景，下阕抒情。这本是词中常见的情景结合的方式，但这首词成功之处在于它所写之景毫无离情别绪的萧瑟衰败，反而色彩绚丽，阔远秾丽，诗人将阔大辽远之境、斑斓秾丽之景、伤感深挚之情有机地统一在一起。上阕之景一方面显示了词人胸襟的广阔及对生活和自然的热爱，反过来也衬托了离情的伤感，另一方面又使下阕所抒之情显得柔而有骨，深挚而不流于颓靡。下阕重在抒情，直抒胸臆，声情并茂，意致深婉，抒写了夜不能寐、高楼独倚、借酒浇愁、怀念家园的深情。

这首《苏幕遮》词对后世文学创作产生了较大影响。元代王实甫《西厢记》第四本第三折《长亭送别》〔正宫〕〔端正好〕云："碧云天，黄花地，西风紧，北雁南飞。晓来谁染霜林醉，总是离人泪。"即由此点染而成。

知识拓展

范仲淹（公元989年—公元1052年），字希文，谥号文正，世称范文正公。北宋政治家、文学家，历任兴化县令、秘阁校理、陈州通判等职，因秉公直言而屡遭贬斥。范仲淹一生政绩卓著，文学成就突出，有《范文正公文集》传世。词存五首，风格、题材均不拘一格，并写有著名散文《岳阳楼记》。他倡导的"先天下之忧而忧，后天下之乐而乐"思想和仁人志士节操，对后世影响深远。

范仲淹所取得的成就与他青少年时期的勤奋刻苦分不开。范仲淹幼年丧父，母亲改嫁长山朱氏，于是改名朱说。四岁时随继父迁至长山，励志苦读。因家境贫寒，他只好住在庙里读书，昼夜不息。每日生活十分清苦，他便用两升小米煮粥，隔夜粥凝固后，用刀切为四块，早晚各食两块，再切一些腌菜佐食。这就是范仲淹有名的"断齑（jī）画粥"的故事。

范仲淹成年后，得知家世，伤感不已，他毅然辞别母亲，前往南都应天府（今河南省商丘市）求学，刻苦攻读。冬天读书疲倦发困时，就用冷水洗脸；没有东西吃时，就喝稀粥度日。一般人不能忍受这样的困苦生活，范仲淹却从不叫苦。数年寒窗后，博通儒家经典要义、胸怀兼济天下抱负的范仲淹于大中祥符八年（公元1015年）进士及第，授广德军司理参军，迎母归养，归宗复姓，恢复本名。

53 山园小梅（其一）

宋·林逋

众芳①摇落独暄妍②，
占尽风情向小园。
疏影横斜③水清浅，
暗香④浮动月黄昏。
霜禽⑤欲下先偷眼，
粉蝶如知合⑥断魂。
幸有微吟可相狎⑦，
不须檀板⑧共金樽⑨。

诗意品析

首联"众芳摇落"反衬梅花的艳丽，"众"与"独"相对，描绘出天地间百花凋零，只有梅花傲然绽放的画面，显示出梅的清高、不同凡响。"占尽"表现了梅花凌寒独放的姿态。在寂静的天地间，美丽清雅的小梅无人打扰，尽情绽放自己的美丽，独占小园风光，多么令人喜悦。开头两句，便表现出诗人强烈的主观色彩。

额联对梅花的外形进行了具体描摹。"疏影"，是枝叶空灵轻盈的情状；"横斜"，是树枝舒展的姿态；"暗香"，是悠然飘荡的香味；"浮动"，是翩然而至的神韵。这两句历来最为世人称道。在诗人笔下，梅花仿佛一位冰清玉洁的女子，斜斜地伸展着纤细的手臂，对着澄澈清浅的水面自照，微风吹来，身上若有似无的幽香飘散开来。如此美好的倩影，怎能不令人留恋不已？诗人用细腻的笔触描绘出一幅绝美的月下临水梅花图。

如果说颔联是以人观花，那么颈联便转换视角，以物观花。通过"霜禽""粉蝶"的动作和神态，"先偷眼""合断魂"，表现出它们对于梅花的钟爱和敬重。动物尚且如此，更何况是对梅如痴如醉的人呢？在诗人眼里，梅不愧为天地间毓秀钟灵的尤物。尾联两句，从借景抒情转为直抒胸臆，将梅花视为可以"微吟"的知己，梅的美，又何须"檀板""金樽"那些世间俗物来附和？

全诗表现出诗人对梅花由衷的喜爱和赞美之情，梅花的高洁品性，也正是诗人隐居独处，与世无争，淡泊清高的人格写照。

知识拓展

林逋（公元967年—公元1028年），字君复，谥和靖先生，宋代诗人。史书记载，林逋"二十年足不及城市"，可见他是个节操高洁的真隐士。他与世无争，淡泊名利，热爱自然，隐居于杭州孤山二十年，终身不仕不娶，以种梅养鹤为乐。

据沈括《梦溪笔谈》记载："林逋隐居杭州孤山，常畜两鹤，纵之则飞入云霄，盘旋久之，复入笼中。逋常泛小艇，游西湖诸寺。有客至逋所居，则一童子出应门，延客坐，为开笼纵鹤。良久，逋必棹小船而归。盖尝以鹤飞为验也。"林逋"以梅为妻，以鹤为子"，朝夕与之相伴，因此有"梅妻鹤子"之说。林逋多年对梅花细致入微的观察和情有独钟，也令他的咏梅诗具有了超越一般诗作的视野和情怀。

54　望海潮

宋·柳永

东南形胜，三吴①都会，钱塘自古繁华，烟柳画桥，风帘翠幕，参差②十万人家。云树③绕堤沙，怒涛卷霜雪，天堑④无涯。市列珠玑⑤，户盈罗绮，竞豪奢。

重湖⑥叠巘⑦清嘉⑧，有三秋⑨桂子，十里荷花。羌管弄晴，菱歌泛夜，嬉嬉钓叟莲娃。千骑拥高牙⑩。乘醉听箫鼓，吟赏烟霞。异日图⑪将好景，归去凤池⑫夸。

诗意品析

《望海潮》是柳永的名篇。传说金主完颜亮读到这首词后，对"三秋桂子，十里荷花"的江南美景十分倾慕，甚至有了南渡攻占杭州的念头。

"三秋桂子，十里荷花"的确是千古名句，它妙在何处呢？

词语释义

①三吴：泛指今江苏省南部和浙江省的部分地区。　②参差：大约，差不多。　③云树：树木如云，极言树木非常多。　④天堑(qiàn)：天然的壕沟，言其险要可以隔断交通，多指长江，这里借指钱塘江。　⑤珠玑：圆的叫珠，不圆的叫玑，这里泛指珍贵的商品。　⑥重湖：以白堤为界，西湖分为里湖和外湖，所以叫作重湖。　⑦叠巘(yǎn)：层层叠叠的山峦。巘：小山峰。　⑧清嘉：清秀佳丽。　⑨三秋：秋季，也指秋季的第三个月，即农历九月。　⑩高牙：高高耸立的牙旗。牙旗：将军的旗帜，竿上以象牙装饰，所以叫作牙旗。　⑪图：画。动词。　⑫凤池：全称叫作凤凰池，原指皇宫禁苑中的池沼，这里指朝廷。

"重湖叠𪩘清嘉，有三秋桂子，十里荷花。"这三句从湖山风光处落笔。西湖美景，美就美在湖中有湖、山外有山。"三秋桂子，十里荷花"，承"清嘉"而来。山寺之上，月光之下，那桂花的香气馥郁久远，沁人心脾；阳光之下，浩渺水面之上，那荷花真是美艳异常。"三秋桂子，十里荷花"这八个字，是西湖美景中最极致的那一笔，不施重彩，不刻意而为，却把西湖清新秀丽之美传达得淋漓尽致。

无处无桂子，无处不荷花；无处桂花不香，无处荷花不美。但是西湖的桂子与荷花，在"重湖叠𪩘"的背景中才展现出它全部的美丽。

看来金主完颜亮也是个懂词的人，尽管这首词里还表现了杭州的繁华富庶，如"烟柳画桥，风帘翠幕，参差十万人家"，"市列珠玑，户盈罗绮"，但完颜亮就是不放在眼里，他就是看中了这句"三秋桂子，十里荷花"。他要南下攻打占领的，不仅仅是财富，更是自然美景。幸好最终完颜亮的南下没有成功，否则，柳永不就莫名其妙地成了"罪人"了吗？

知识拓展

柳永少年填词成名，却屡不及第，因此他写了一首《鹤冲天》来自我解嘲。其中"忍把浮名，换了浅斟低唱"的意思是"何必要那些官位浮名呢？喝喝酒，写写词不就挺好吗？"

柳永写这首词只是发发感慨和牢骚，并没有真的决定不再参加科举考试。没想到他的名气实在太大，人实在太红，就连当朝皇帝宋仁宗，也听过他的这首词。等到柳永考进士的时候，宋仁宗看见试卷上的名字，半是当真半是开玩笑地说："这不就是填词的柳三变吗？何用浮名，且去填词！"竟然剥夺了柳永的进官资格。

柳永闻讯也不气恼，到处留名于青楼酒馆，并自称"奉旨填词柳三变"。

55 天仙子①

宋·张先

时为嘉禾②小倅③，以病眠，不赴府会。

水调数声持酒听，午醉醒来愁未醒。送春春去几时回？临晚镜，伤流景④，往事后期⑤空记省⑥。

沙上并禽⑦池上暝⑧，云破月来花弄影⑨。重重帘幕密遮灯，风不定，人初静，明日落红⑩应满径。

词语释义

①天仙子：唐教坊舞曲，后用为词牌。 ②嘉禾：秀州的别称，在今浙江省嘉兴市。 ③倅(cuì)：州郡的副职，这里指通判。张先时任嘉禾判官。 ④流景：像流水一样逝去的光阴。景：日光，指时光岁月。《妾薄命》中写道："流景一何速，年华不可追。" ⑤后期：以后的约会。 ⑥记省(xǐng)：回忆，想着。 ⑦并禽：成对的鸟儿，这里指鸳鸯。 ⑧暝：天黑，暮色笼罩。 ⑨弄影：指花在月光照临下婆娑弄影。弄：摆弄。 ⑩落红：凋谢的花瓣。

诗意品析

这首词是北宋词中的名篇之一，也是张先的享誉之作。该词写作的情境是"时为嘉禾小倅，以病眠，不赴府会"。词人当时身体欠佳，对酣歌妙舞的府会也提不起兴致，由此奠定了词的伤感基调。

词的上阕描写了词人独身在家喝酒听曲，却借酒消愁愁更愁，自然引出了愁的缘由——伤春之情。词人的伤春既是忧伤自然春色不久留，更是感伤人的美好年华转瞬即逝。"临晚镜，伤流景"，面临的是天色已晚，更是年岁已老，词人感伤光阴如流水般流逝。词的下阕更加深刻道明了伤的是何种"流景"，反复感念的是何种"往事后期"。"沙上并禽池上暝"，鸳鸯一类的水鸟在夜幕降临时双栖双宿，好似有情人终成眷属，词人反观自己的处境却是形单影只、形影相吊。然而词人并没有止笔于孤寂心境的倾诉，而是以一句脍炙人口的"云破月来花弄影"将视角转向自然景色的灵动描绘：在词人感伤之时，突然起风了，云层仿佛被吹破了一个小口子，月色也显现了出来，花被风所吹动，在月光下婆娑弄影。这句的妙处，在于用普通的名物、常见的动词，组合成了一幅极有意境的画面，一种云、月、花、影之间融洽互动的美感。

知识拓展

张先（公元990年—公元1078年），字子野，乌程（今浙江湖州吴兴）人，北宋著名词人，曾任安陆县知县，因此人称"张安陆"。天圣八年（公元1030年）进士，官至尚书都官郎中。晚年退居湖杭之间。曾与梅尧臣、欧阳修、苏轼等交往。善作慢词，与柳永齐名，造语工巧。张先善于写"影"，因有佳句"云破月来花弄影"（《天仙子》），"娇柔懒起，帘押残花影"（一作"帘幕卷花影"，《归朝欢》），"柳径无人，堕絮飞无影"（一作"柔柳摇摇，坠轻絮无影"，《剪牡丹》），故而有"张三影"之美称。

一次，当朝尚书宋祁有事找他，一到张府，就教门人传话："尚书欲见'云破月来花弄影郎中'，肯乎？"张先回应说："得非'红杏枝头春意闹尚书'耶？"（宋祁因《玉楼春》词中有"红杏枝头春意闹"句被称为"红杏尚书"。）可见，"云破月来花弄影"一句在当时就为人传诵了。

56 浣溪沙①

宋·晏殊

一曲新词酒一杯，去年天气②旧亭台③。夕阳西下几时回？

无可奈何花落去，似曾相识燕归来。小园香径④独徘徊。

诗意品析

这是晏殊词中最为脍炙人口的一首。它最吸引人之处有二：

首先这首词在伤春的表层意象中，蕴含着强烈的时间意识和生命意识，闪烁着一种诗意的生命之光。

"一曲新词酒一杯，去年天气旧亭台"，"对酒当歌"的今朝却忆起去年此地的相似情景：一样的暮春天气，一样的亭台楼阁，一样的清歌美酒。然而，一切似乎依旧的表象下，又分明感觉到有些东西已经起了难以逆转的变化。此句包蕴着一种景物依旧而岁月流逝、人事全非的怀旧之感。因此，故地重临，怀旧又不免伤今。

"夕阳西下几时回"一句，不仅是惋惜时光的匆匆流逝，同时也是慨叹昔日与伊人同乐的情景已一去不返。夕阳西下，是眼前景，却触发了词人对生命的领悟，对美好景物情事的流连，对时光流逝的怅惘，以及对美好事物重现的微茫的希望。作者所感悟的已不限于眼前的景物，而是扩展到整个人生，包含着某种哲理性的沉思。夕阳西下，无法阻止，只能寄希望于它东升再现，而时光的流逝、人事的变更，却再也无法重来。

"几时回"三字，透露着一种企盼其返，又知其难返的微妙心态。这几句诗通过对眼前景物的咏叹，将怀旧之感、伤今之情与惜时之意交融在一起，蕴含着淡淡的感伤。词人在此以有限的生命来体察无穷的宇宙，因而使词具有厚重的哲理意味。

其次，下阕的"无可奈何花落去，似曾相识燕归来"这一句对仗工整，浑然天成，轻快流丽，寓意深婉，一唱一叹之间流露出作者的哲思深情。花的凋落，春的消逝，时光的流逝，和"夕阳西下"一样，都是不可抗拒的自然规律。虽然惋惜流连也只能"无可奈何"，但在这暮春时节，所感受到的并不只是无可奈何的凋衰消逝，还有令人欣慰的美好重现，那翩翩归来的燕子不就像是去年曾在此处安巢的旧时相识吗？这一句呼应上阕"几时回"。花落、燕归虽是眼前景，却也象征着美好事物。这句诗在惋惜与欣慰的交织中，蕴含着某种生活哲理：一切必然要消逝的美好事物都无法阻止其消逝，但消逝的同时仍然有美好事物的再现，生活不会因美好事物的消逝而变得一片虚无，只不过这种重现不是原封不动地再现，因此在句中混杂着一种眷恋和怅惘的人生况味。面对这一场景，作者在铺满落花的小径上徘徊沉思，也带着读者一起去徘徊思考，结尾余韵悠长。

知识拓展

晏殊从小聪明好学，五岁就能创作，有"神童"之称。景德元年（公元1004年），张知白受朝廷之命安抚江南，以神童的身份向上推荐晏殊。第二年，十四岁的晏殊和来自各地的数千名考生同时进殿参加考试。大殿之上，年少的晏殊毫不胆怯，很快完成了答卷，受到宋真宗的嘉赏，赐同进士出身。过了两天，又要进行诗、赋、论的考试，晏殊看过题目之后，上奏说道："我曾经做过这些题，请用别的题来测试我。"他的真诚与才华受到真宗的赞赏，也得到了世人的认可。

57 采桑子①

宋·欧阳修

群芳过后②西湖③好，狼籍残红④，飞絮濛濛⑤。垂柳阑干⑥尽日风。

笙歌⑦散⑧尽游人去⑨，始觉春空⑩。垂下帘栊⑪，双燕归来细雨中。

诗意品析

本词作于熙宁四年（公元1071年），这年六月，欧阳修辞去太子少师的职位，退居颍州。暮春时节他来到西湖游玩，心生喜悦，作《采桑子》十首。这是其中第四首。虽写残春景色，却无伤春之感，而是以疏淡轻快的笔墨描绘了颍州西湖的暮春风光，表现出词人的安闲自适，创造出一种清幽静谧的艺术境界。这也是本词最动人之处。

"群芳过后西湖好"这一句是全词的纲领，点明写作内容是"群芳过后"的残春景色。而"好"是本词的词眼，表现了作者对残春之景不是伤感，而是带着欣赏和赞赏的态度，并以这一感情线索贯穿全篇。

词语释义

①采桑子：词牌名，又名"丑奴儿""罗敷媚"等。双调四十四字，上下阕各四句三平韵。 ②群芳过后：百花凋零之后。群芳：百花。 ③西湖：指颍州西湖，在今安徽省阜阳市西北，颍水和诸水汇流处，风景佳胜。 ④狼籍残红：残花纵横散乱的样子。狼籍：同"狼藉"，散乱的样子。残红：落花。 ⑤濛濛：今写作"蒙蒙"，细雨迷蒙的样子，以此形容飞扬的柳絮。 ⑥阑干：横斜，纵横交错的样子。 ⑦笙歌：笙管伴奏的歌筵。 ⑧散：消失，此指曲乐声停止。 ⑨去：离开，离去。 ⑩春空：春去后的空虚寂寞。 ⑪帘栊：窗帘和窗棂，这里泛指门窗的帘子。

那么暮春时节的西湖好在哪里呢？上阕"狼籍""飞絮""垂柳"这三句描绘了落红零乱满地，翠柳柔条斜拂于春风中的姿态。作者运用白描手法描绘落花、飞絮、垂柳等意象，描摹出一幅清疏淡远的暮春图景。正所谓"境由心生"，景随情移。"群芳过后"本有衰残之感，常人对此或惋惜，或伤感，或留恋，而作者带着不一样的心境看到了暮春时节不一样的美。所以，暮春时节西湖的"好"就好在群芳凋谢后的恬静清幽之美。

上阕写花柳阑珊，下阕写游人散尽，一湖沉寂。"笙歌散尽游人去"透露出湖上曾经的游春盛况；可此时残花散乱、飞絮迷蒙、杨柳摇曳，景象迷离婉丽，游人已散尽，无人欣赏残红飞絮之景。"始觉春空"，"始觉"写出顿悟，此景虽寂寥，但并不伤感，表现了作者顿悟了繁华喧闹之后的幽寂、闲适。这是一种经历了人生诸多坎坷之后的淡定心态，也是一种"豪华落尽见真淳"的人生最高境界。可见，暮春时节的西湖"好"在能让人顿悟繁华过后的淡定宁静。

最后两句是倒装，本是开帘待燕，"双燕归来"才"垂下帘栊"。结句"双燕归来细雨中"，意蕴含蓄委婉，以细雨衬托春空之后的清寂气氛，又以双燕飞归制造出轻灵、欢愉的意境，并通过人物的动作描写，表达出作者此时恬适淡泊的胸襟。因此，暮春时节西湖的"好"就在于它展现了作者恬适淡泊的胸怀。

知识拓展

欧阳修（公元1007年—公元1072年），字永叔，号醉翁，晚号六一居士。吉州永丰（今属江西省）人，因吉州原属庐陵郡，故以"庐陵欧阳修"自居。谥号文忠，世称欧阳文忠公。北宋政治家、文学家、史学家，与韩愈、柳宗元、王安石、苏洵、苏轼、苏辙、曾巩合称"唐宋八大家"。后人又将其与韩愈、柳宗元和苏轼合称"千古文章四大家"。欧阳修是北宋古文运动的领袖。他的散文说理畅达，抒情委婉；诗风与其散文近似，语言流畅自然。他的词风格婉丽，承袭南唐余风。他写的十首《采桑子》在内容上突破了晚唐五代以来词作专以抒写浓重的忧伤情绪为主要内容的格局，以清丽明快之景入词，拓展了词的表现内容。

欧阳修一生留下了许多佳作名篇，但他身居要职，公务繁忙，所以就有人问他，哪来的三头六臂，竟能在百忙之中抽出时间学习和写作。欧阳修的回答则是："余平生所作文章，多在'三上'"。"三上"即"马上""枕上""厕上"。欧阳修充分利用了途中的时间、睡前的时间，甚至如厕的时间也被用来学习和构思写作。可见，欧阳修在文学上能获得如此大的成就，与他的勤奋和善于利用时间分不开。

58 临江仙①

宋·晏几道

梦后楼台高锁，酒醒帘幕低垂。去年春恨却来②时。落花人独立，微雨燕双飞。

记得小苹③初见，两重④心字罗衣⑤。琵琶弦上说相思。当时明月在，曾照彩云⑥归。

诗意品析

这首词是晏几道的代表作，还是一首暗含词人风流经历的佳作。晏几道在《小山词自序》中说："始时沈十二廉叔、陈十君龙家有莲、鸿、苹、云，品清讴娱客。每得一解，即以草授诸儿，吾三人持酒听之，为一笑乐。已而君龙疾废卧家，廉叔下世，昔之狂篇醉句，遂与两家歌儿酒使俱流转于人间。"词中所写的歌女"小苹"是晏几道好友沈廉叔、陈君龙家的侍女。晏几道在词中多次写到她，如在《玉楼春》中"小颦若解愁春暮，一笑留春春也住"以及"小颦微笑尽妖娆，浅注轻匀长淡净"。可是随着沈廉叔、陈君龙的病废亡故，这些侍女们也就像是浮萍一般流散四方了。有这一层故人不在、彩云易散的感伤所在，所以这首词呈现出的情感沉郁而又婉约。

词作上阕写现今的孤单寂寞。开头两句互文，梦后酒醒更加怀念当年与朋友的欢会，而后直接抒发了内心的"春恨"，在落花缤纷、细雨微凉的春日，这一愁苦反而更加深刻，特别是茕茕一人的孤寂和燕子双飞的曼妙形成了鲜明的对比。这一联虽然不是晏几道自己的创作，而是借用了五代翁宏《春残》里面的句子，却完美地达成了情、景、意、言的契合，动人心扉。

词作下阕追忆昔日场景。这位穿着罗衣的歌女，似乎如同衣服上的心字纹饰一样，与词人心意相通、心心相印，她用琵琶声诉说着相思衷情。词的最后一句回味最深刻，如梦似幻之间，沟通了今昔对比的情境，明月还是当时的明月，月光曾经将小苹的倩影送走，只是一切如今已经烟消云散，这位彩云一般的女子也流转人间。可谓今夕相应，虚实相生，情恨绵长。

知识拓展

晏几道（公元1038年—公元1110年），北宋著名词人，字叔原，号小山，抚州临川文港沙河（今属江西省）人，历任颍昌府许田镇监、乾宁军通判、开封府判官等职，后家道中落。他性情孤傲，与父亲晏殊合称"二晏"，词风与父亲相似而造诣更高。他工于言情，小令语言清丽，感情深挚，尤负盛名。他的词作情感表达直率，多写爱情生活，是婉约派的重要词人，有《小山词》留世。

晏几道在家道隆盛时，过着儒雅而又绮靡的贵公子生活，其词篇也多在这个时期写成。在这个人生阶段中，晏几道拥有一批志趣相投的朋友，常与沈十二廉叔、陈十君龙、黄庭坚、吴无至等人饮酒唱和。我们在品读这首词的时候，也能感受到他在这段青年时光中最为悠然闲适的生活和最为纯美的深情。

59 梅花

宋·王安石

墙角数枝梅，凌寒①独自开。
遥知不是雪，为②有暗香③来。

词语释义

①凌寒：冒着严寒。 ②为(wèi)：因为。 ③暗香：指梅花的幽香。

诗意品析

《梅花》是北宋诗人王安石所作的一首五言绝句。王安石力主改革，两次辞相，两次再任，最终改革失败。这首诗是王安石罢相之后退居钟山所作。诗中以坚强和高洁的梅花喻示那些像诗人一样，处于艰难、恶劣的环境中依然能坚持操守的人。

"墙角数枝梅"，"墙角"不引人注目，不易为人所知。"墙角"这个环境突出了"数枝梅"身居角落，虽不被人赏识，却毫不在乎，依然孤芳自放的姿态，体现出诗人所处环境虽恶劣，依旧坚持自己主张的态度。

"凌寒独自开"，这梅不仅开在无人的角落，而且开在严寒之中，哪怕寒气袭人，依然要冒着严寒"独自"开放。"凌"和"独自"两个词语表现了诗人内心的刚强，在恶劣的环境中，依旧屹立不倒，执着追求，体现出诗人坚守自我的坚定信念。

"遥知不是雪"，"遥"说明香从远处飘来，淡淡的，不明显。"不是雪"，此处诗人不直接说梅花，而梅花的洁白可见一斑。意谓远远望去十分纯净洁白，但知道不是雪而是梅花。诗意曲折含蓄，耐人寻味。

"为有暗香来"，"暗香"指的是梅花的清幽香气。此句紧承上一句，揭示了梅花纯净洁白、暗香清幽的高洁形象。

　　整首诗以梅喻人。诗人通过对梅花不畏严寒的高洁品性的赞赏，用雪喻梅的冰清玉洁，又用"暗香"点出梅胜于雪，说明坚强高洁的人所具有的伟大人格魅力。作者在北宋极端复杂和艰难的局势下，积极改革，而得不到支持，其孤独心态和艰难处境，与长于墙角、开于严寒中的梅花自然有共通之处。这首小诗意味深远，而语句又十分朴素自然，没有丝毫雕琢的痕迹。

知识拓展

　　王安石是北宋杰出的政治家、文学家。王安石虽位极人臣，却从不以权谋私。他一生为官清廉，衣食住行极为简朴，且"不溺于财利酒色，视富贵如浮云"，令人称道，连他的政敌也称赞他的品行，不敢有所诋毁。就拿饮食来说，王安石吃的是最平常的饭菜，而且极反对奢华宴请，遇不得不请之客，他也会力求节俭。

　　王安石做宰相时，有一次儿媳妇家的亲戚萧氏之子来到京城，前往拜访王安石。王安石尽地主之谊，邀请他吃饭。萧氏之子心想，王安石身为宰相，一定会准备丰盛的食物来招待他。第二天盛装前往，可是等到中午，也不见酒食。萧氏之子饥饿难耐，又不敢擅自离开。又过了很久，王安石才安排他入席，可是桌上却没有准备果品菜肴。萧氏之子心里很诧异。他们喝了几杯酒后，仆人先端上来两块胡饼，然后端上四块猪肉，很快就上了饭，旁边只有菜羹下饭而已。萧氏之子平日里骄奢惯了，哪里吃得下这等粗茶淡饭。他无法下箸，只将就地吃了胡饼中间松软的一小部分，把胡饼的四边都剩在碗里。王安石为了不浪费，就把剩下的饼拿过来吃了。萧氏之子看见王安石如此节俭，非常惭愧地告辞了。

　　亲戚来访，理应招待，但席间菜肴甚为素淡，只有"两枚胡饼""四块猪肉"和"一碗菜羹"而已，使这位向来骄奢的亲戚难以下咽，而王安石不仅怡然自适，甚至把亲戚吃剩的胡饼都"打扫"殆尽，可见王安石有多节俭。

60 六月二十七日望湖楼^①醉书（其一）

宋·苏轼

黑云翻墨^②未遮山，
白雨^③跳珠^④乱入船。
卷地风来忽吹散，
望湖楼下水如天^⑤。

词语释义

①望湖楼：又叫看经楼，位于今浙江省杭州市西湖畔。
②翻墨：翻滚的黑墨，形容云层很黑。　③白雨：因雨点大而猛，在湖光山色的衬托下，显得白而透明。　④跳珠：跳动的珍珠，形容雨大势急。　⑤水如天：湖水就像天空一样开阔平静。

诗意品析

　　乌云还未来得及席卷遮住群山，雨点就已经迫不及待地蹦落下来，大而猛的雨点如同一颗颗跳动的白珠碎玉，飞溅到船上。作者用"黑云翻墨"和"白雨跳珠"形成强烈的色彩对比，用"翻墨"形容乌云的来势凶猛，用"跳珠"形容雨点飞溅的情态，显得生动而富有画面感。阵雨来得快，去得也快，一阵狂风卷地而来，吹散了满天的乌云。暴雨过后，一切都恢复了平静，雨水洗刷过的天地变得更加清透，西湖的湖水碧波如镜，澄澈明亮。"卷地风来忽吹散，望湖楼下水如天"，两句诗又把骤雨转晴的迅速变化表现了出来，令人心清气爽，境界大开。

　　这首诗妙在一个"醉"字，诗人用敏捷的笔触描画暴雨骤至，又云消雨散的场景，捕捉到不同瞬间自然风光的不同变化。这不仅是诗人酒醉后灵感的勃发，更是因为诗人沉醉在了这水天一色的美景中，沉醉在了钱塘美好的自然风光里。

　　苏轼与杭州有着特殊的情缘。他先后两次任杭州地方官，在浚治西湖、建设杭州方面颇有政绩，同时也在杭州留下了大量的名篇佳作。

　　苏轼将杭州看作第二故乡，曾说："我本无家更安往，故乡无此好湖山。"虽然苏轼政治上不得志，但他以洒脱的气度寄情山水，书写下无数动人的诗篇。

　　写西湖：水光潋滟晴方好，山色空蒙雨亦奇。欲把西湖比西子，淡妆浓抹总相宜。

——《饮湖上初晴后雨》（其一）

　　写钱江：海上涛头一线来，楼前指顾雪成堆。从今潮上君须上，更看银山二十回。

——《望海楼晚景五绝》（其一）

　　写吴山：游人脚底一声雷，满座顽云拨不开。天外黑风吹海立，浙东飞雨过江来。十分潋滟金樽凸，千杖敲铿羯鼓催。唤起谪仙泉洒面，倒倾鲛室泻琼瑰。

——《有美堂暴雨》

　　写余杭：上帝高居悯世顽，故留琼馆在凡间。青山九锁不易到，作者七人相对闲。庭下流泉翠蛟舞，洞中飞鼠白鸦翻。长松怪石宜霜鬓，不用金丹苦驻颜。

——《洞霄宫》

61 水调歌头

宋·苏轼

丙辰①中秋，欢饮达旦②，大醉，作此篇，兼怀子由③。

明月几时有？把酒④问青天。不知天上宫阙⑤，今夕是何年。我欲乘风归去，又恐琼楼玉宇⑥，高处不胜寒。起舞弄清影⑦，何似在人间⑧？

转朱阁，低绮户，照无眠⑨。不应有恨，何事长向别时圆⑩？人有悲欢离合，月有阴晴圆缺，此事古难全。但愿人长久，千里共婵娟⑪。

诗意品析

这是一首在文学史上极负盛誉的词作，创作于作者在密州（今山东省诸城市）做官时。这首词写于中秋，望月抒

词语释义

①丙辰：宋神宗熙宁九年（公元1076年）。 ②达旦：直到清晨。 ③子由：苏轼的弟弟苏辙，字子由。 ④把酒：端起酒杯。把：执，持。 ⑤天上宫阙(què)：指月中宫殿。阙：宫门左右供瞭望的楼。 ⑥琼(qióng)楼玉宇：美玉砌成的楼宇，指想象中的月宫。 ⑦弄清影：月光下影子也跟着舞动。 ⑧何似在人间：哪里比得上人间生活的幸福。何似：哪里比得上。 ⑨转朱阁，低绮(qǐ)户，照无眠：月亮照遍了华美的楼阁，低低地照进雕花的门，照着有心事的人不能安眠。朱阁：华丽的楼阁。绮户：彩绘雕花的门。 ⑩不应有恨，何事长(cháng)向别时圆：（月）应该（对人们）没什么怨恨吧，（但）为什么总是在人们分离时圆呢？何事：为什么。 ⑪千里共婵娟：虽然相隔千里，也能一同欣赏这美好的月光。婵娟：指月亮。

怀，寄托了对胞弟苏辙的思念。当时他在政治上不得志，和亲人多年不能团聚，心情郁闷。然而在词中，我们却能感受到他豁达的胸怀、超然的心境和对生活的热爱。

苏轼是一位性格豪放，充满着浪漫气质的文学家。中秋之夜，他独自一人对月饮酒时，向茫茫的天际发出询问："明月几时有？把酒问青天。"他是在追寻月的起源，更是在感慨造物主的神奇。他进而联想到，地上中秋团圆佳节，天上宫阙"今夕是何年"。人间愁苦太多，月宫琼楼玉宇，多么令人神往，"我欲乘风归去"。紧接着两句"又恐琼楼玉宇，高处不胜寒"急转直下，想到天宫虽富丽堂皇，但寒冷难耐，哪里比得上在人间对月饮酒、起舞弄影来得欢畅？"起舞弄清影，何似在人间"，情感波澜起伏，在出世与入世的矛盾纠葛中，对人间的留恋之情占了上风。

下阕"转朱阁"三句，尽写月光柔情。"转""低""照"三个词，生动地表现了月光转动，时光流移。夜已深，可有人依然无法入眠。这个不眠之人，是词人？是他思念的胞弟？还是千千万万个在月圆的夜晚不能团圆的人？紧接着，词人发出埋怨："不应有恨，何事长向别时圆？"为何圆月总要在不能团圆的时候出现，徒增离别之人的痛苦。这是对自己命运的感慨，也是对天下众多离人的同情。然而，词人终究是达观的，"人有悲欢离合"三句极富哲理，人生总不能十全十美，总有波折和缺憾。不过如同月总有圆时，人也总会相聚，既然如此，又何必为暂时的离别而惆怅伤感呢？"但愿人长久，千里共婵娟"，与王勃的"海内存知己，天涯若比邻"，张九龄的"海上生明月，天涯共此时"有异曲同工之妙，表现了作者旷达的态度和美好的祝愿，也是使这首流传千古经久不衰的词的点睛之笔。宋人胡仔《苕溪渔隐丛话》说："中秋词自东坡《水调歌头》一出，余词尽废。"

知识拓展

举杯邀月，对月咏怀，很容易让我们想起另一位伟大的诗人——李白。李白和苏轼，这两位中国古代文学史上的文学家，都具有一种"仙人"的气质。

与李白同时期的人就已经肯定了李白的"仙人"气质。贺知章称李白为"谪仙",杜甫诗《寄李十二白二十韵》中有"昔年有狂客,号尔谪仙人。笔落惊风雨,诗成泣鬼神"的描写,《饮中八仙歌》中也有"李白一斗诗百篇,长安市上酒家眠。天子呼来不上船,自称臣是酒中仙"的描写。李白因其天真烂漫的性格和豪放飘逸的诗风,被后世称为"诗仙""谪仙""酒仙"。

性格旷达、文风豪迈的苏轼也有"仙人"的气质。苏门四学士之一的黄庭坚称苏轼与李白为"两谪仙",宋代王辟之《渑水燕谈录》:"苏子瞻文章议论,独出当世,风格高远,真谪仙人。"气质浪漫、豪放洒脱的苏轼也被称为"苏仙""坡仙"。

62 念奴娇①·赤壁②怀古

宋·苏轼

大江③东去，浪淘尽，千古风流人物④。故垒⑤西边，人道是，三国周郎⑥赤壁。乱石穿空，惊涛拍岸，卷起千堆雪⑦。江山如画，一时多少豪杰。

遥想⑧公瑾当年，小乔初嫁了⑨，雄姿英发⑩。羽扇纶巾⑪，谈笑间，樯橹⑫灰飞烟灭。故国神游⑬，多情应笑我，早生华发⑭。人生如梦，一尊还酹江月⑮。

词语释义

①念奴娇：词牌名，又名"百字令""酹江月"等。 ②赤壁：三国时吴将周瑜击败曹操大军的地方，在今湖北省武汉市江夏区西。一说在今蒲圻县西北。本词中苏轼所游的赤壁在今湖北省黄冈市，不是三国古战场的赤壁，所以下文中用了"人道是"，表示只是听人说。 ③大江：指长江。 ④风流人物：杰出的英雄人物。 ⑤故垒：过去遗留下来的营垒。 ⑥周郎：三国时吴国名将周瑜，字公瑾，少年得志，二十四岁为中郎将，掌管东吴重兵，吴中皆呼为"周郎"。赤壁以周瑜出名，所以称为"周郎赤壁"。下文中的"公瑾"，即指周瑜。 ⑦雪：比喻浪花。 ⑧遥想：回想多年之前。 ⑨小乔初嫁了(liǎo)：乔公有两

诗意品析

这首词创作于北宋元丰五年（公元1082年）苏轼被贬谪黄州时期。此时作者已四十七岁，他怀古抒情，感慨自己功名未就，进而又用旷达之心抒发自己的志向和抱负。

词的上阕开篇雄浑壮阔，气势恢宏。面对着滚滚东流的长江，眼前浮现出历朝历代

多少英雄豪杰。千古风流人物被大浪淘尽，而自己又是茫茫沧海中多么微小的一粟，那么，一时荣辱又算得了什么呢？"乱石穿空"以下两句表现出万千壮阔的自然景象，江水汹涌翻卷，拍击出层层浪花，无不显示着古战场的雄奇险峻。"穿""拍""卷"，精准而有力的动词传递出词人心中的豪情，意境开阔博大，笔力雄健，大气包举。"江山如画，一时多少豪杰"，从眼前壮丽的古战场景色过渡到历史人事。

下阕从周郎引发。周瑜是吴国名将，少年得志，英气勃发。词人用"羽扇纶巾，谈笑间，樯橹灰飞烟灭"举重若轻地展现出周瑜风流儒雅、指挥若定的大将风度。然而，故国神游，当年"雄姿英发"的周瑜也已被历史的大浪淘尽。遥想年轻有为的周瑜尚且如此，回看已年近半百却功业未就的自己，不禁自叹"多情应笑我，早生华发"。然而，苏轼最终以开阔的胸怀从悲伤中超脱——"人生如梦，一尊还酹江月"。人生恍若一场梦，不妨将这苦闷随着杯中的酒倾洒在江上，随江心明月的倒影消散，让精神获得自由。整首词到最后，由失意转向积极进取，不失英雄豪迈本色。

词人尽管政治上失意，却从未对生活失去信心。面对多舛的命运，他不怨天尤人，选择用超然的心态去面对荣辱起伏。这超脱现实悲情的力量，源自于苏轼伟岸的人格，更是源自于被贬黄州期间逐渐磨砺出来的睿智和成熟。

个女儿，长得都十分美丽，人称大乔、小乔。小乔在赤壁之战时嫁给周瑜已经十年，这里用"初嫁"，是表现周瑜少年得意，倜傥风流。　⑩雄姿英发(fā)：谓周瑜姿态雄武，才华横溢，神采焕发。　⑪羽扇纶(guān)巾：古代儒将的装束，用来形容周瑜的从容闲雅。羽扇：羽毛制成的扇子。纶巾：用青丝带编的头巾。⑫樯橹：指曹操的水军战船。又作"强虏"，也作"樯橹""狂虏"。樯：挂帆的桅杆。橹：摇船的桨。⑬故国神游：神游于故国（三国）的古战场。　⑭多情应笑我，早生华发(fà)：应该笑我多愁善感，头发都变花白了。华发：花白的头发。　⑮一尊还(huán)酹(lèi)江月：洒酒酬月，寄托自己的感情。尊：通"樽"，酒杯。酹：古人祭奠时，以酒浇在地上祭奠。

136

知识拓展

　　"羽扇纶巾"很容易被误认为是诸葛亮的代称。因为诸葛亮的装束经常以羽扇纶巾出现。"羽扇"，用长羽毛做的扇子。晋代陆机的《羽扇赋》中就提到："大夫宋玉、唐勒侍，皆操白鹤之羽以为扇。"可见，早在战国时期就有将羽毛做成扇子的先例了。"纶巾"，是古人佩戴的用青丝带编的头巾，一说配有青色丝带的头巾。相传诸葛亮在军中率先使用，因此又被称为"诸葛巾"。然而，在本词中如果将"羽扇纶巾"当作对诸葛亮的指代，则显得突兀而不合理。词的上下阕中均提到"周郎"，围绕的主人公是同一个，突然出现诸葛亮，则前后脱节。而且赤壁之战中周瑜起着至关重要的统领作用，这也与本词的"三国周郎赤壁"相一致。周瑜作为儒将，以羽扇纶巾作为装束，显示出其潇洒飘逸、风度翩然的形象。

63 鹊桥仙

宋·秦观

纤云弄巧①，飞星传恨②，银汉迢迢暗度③。金风玉露一相逢④，便胜却人间无数。

柔情似水，佳期如梦，忍顾⑤鹊桥归路。两情若是久长时，又岂在朝朝暮暮⑥。

词语释义

①纤云弄巧：轻盈的云彩变幻出巧妙的花样。 ②飞星传恨：牵牛、织女二星传递着不得相见的离愁。飞星：指牵牛、织女二星。一说飞星指流星。传恨：传递着不得相见的离愁别绪。 ③银汉迢迢暗度：在黑夜里渡过辽阔的银河相会。银汉：银河。迢迢：遥远的样子。 ④金风玉露一相逢：指七夕相会。金风玉露：指秋天的气候。 ⑤忍顾：怎么忍心回头看。 ⑥朝朝暮暮：一朝一夕的相聚。语出宋宋玉《高唐赋》："朝朝暮暮，阳台之下。"

诗意品析

词牌本用来区分词的格式，人们为了便于记忆和使用，给词牌起了不同的名字，这就叫词牌名，如"念奴娇""生查子""点绛唇""浣溪沙"等。这首词的词牌名和主题恰巧吻合，是根据牛郎织女七夕鹊桥相会的故事而创作的。

词的前三句"纤云弄巧，飞星传恨，银汉迢迢暗度"，描绘了一幅七夕的美景。轻盈的云彩在天空翻卷，变幻出无数巧妙的花样。这精致的云霞，仿佛是织女用灵巧的双手编织而成。这里也点出民间七夕节"乞巧"的由来。可是，这样一位心灵手巧的女子，却只能和相爱的人隔着茫茫银河，终日不得相会，彼此之间的思念和牵挂便越发深厚。"金风玉露一相逢，便胜却人间无数。"这一句气势开阔，由离愁别恨转为意气昂扬。在这金风玉露的夜晚，分别已久的人终于得以相聚团圆。这美好的一刻，抵得上人间千遍万遍的相会。词人用"一"和"无数"对比，并用"金风玉露"作为背景，让这份爱情显得格外高尚纯洁，超凡脱俗。

美好的时光总是短暂的，才刚相聚，又要别离，"忍顾鹊桥归路"，怎能不令人心碎？词写到这里，如果沉湎于含泪分别的场景，那就落入普通的离愁别绪的窠臼。词人笔锋一转，激荡出积极昂扬的爱情真谛："两情若是久长时，又岂在朝朝暮暮"。真正的爱情是经得起考验的，彼此真诚相爱，不是比朝夕相处却平庸的爱情可贵得多吗？这不仅对牛郎织女，而且对世间分隔两地忍受离别之苦的男女，都是莫大的鼓励。此句讴歌了高尚的爱情，成为爱情颂歌中的千古绝唱。

知识拓展

牛郎织女的故事在民间流传久远，和孟姜女哭长城、梁山伯与祝英台、白蛇与许仙的故事并称为中国古代四大民间故事。牛郎织女的故事还与中国传统节日——七夕相关，自古及今，有大量的诗词反映和表现这个主题。

汉代《古诗十九首》："迢迢牵牛星，皎皎河汉女。纤纤擢素手，札札弄机杼。终日不成章，泣涕零如雨。河汉清且浅，相去复几许！盈盈一水间，脉脉不得语。"

晋代陆机《拟迢迢牵牛星》："昭昭清汉晖，粲粲光天步。牵牛西北回，织女东南顾。"

唐代宋之问《七夕》："传道仙星媛，年年会水隅。停梭借蟋蟀，留巧付蜘蛛。"

宋代欧阳修《渔家傲》："天上佳期贪眷恋，良宵短，人间不合催银箭。"

金末元好问《七夕》："天河唯有鹊桥通，万劫欢缘一瞬中。惆怅五更仙驭远，寂寥云幄掩秋风。"

明代冯梦龙《夹竹桃顶针千家诗山歌》："陪郎同到木香亭，好像牛郎织女喜相迎。年年七夕，鹊桥会情，一宵欢爱，恩情又分。"

清代纳兰性德《台城路》："只恐重逢，明明相视更无语，人间别离无数。"

64

如梦令

宋·李清照

昨夜雨疏风骤①，
浓睡不消残酒②。
试问卷帘人③，
却道海棠依旧。
知否，
知否？
应是绿肥红瘦④。

> ### 词语释义
>
> ①雨疏风骤：雨点稀疏，晚风急猛。　②浓睡不消残酒：沉沉睡了一夜，余醉仍未消除。浓睡：酣睡。残酒：尚未消散的醉意。　③卷帘人：指侍女。　④绿肥红瘦：绿叶繁茂，红花凋零。

诗意品析

　　李清照的这首词属于小令，虽然字数不多，却有人物、有场景、有对话，委婉含蓄地表达出词人惜花伤春之情和对青春易逝的感慨。这首词语言清新隽永，令人玩味，赏析这首词，可以试着揣度词人语言之外想要表达的意思。

　　词一开始回忆昨晚的场景："昨天夜里晚风急骤，雨点稀疏。"我们不妨想象，在这样一个风雨交加的夜晚，词人心绪如潮，有一种情绪令她难以入眠。于是，她只好借酒浇愁。"沉沉睡了一夜，一觉醒来天已大亮，可是昨夜的余醉还未消除。"词人醒来第一件事，就是询问正在卷帘的侍女，海棠花怎么样了。宿醉未醒时最惦记的，莫不是夜里心心念念之物？由此可以继续推想，昨晚醉酒正是因为惜花。正是这海棠花令她牵挂于心，面对风雨来袭，她担心又无可奈何，不忍看花凋零，只好饮下过量的酒。"试问卷帘人"，满含了不忍和期待，经过一夜骤风疏雨的侵袭，海棠花该是怎样的落红满地？词人迫不及待地想知道，又害怕听到花落的消息，这种矛盾的心态用一个"试"字贴切地表达了出来。

可是，粗心的侍女可没有这般细腻的情思，随口答道："海棠花还是和从前一样。"词人听后不禁摇头嗔叹："你知道吗，你知道吗？那海棠花应该已经是绿叶茂盛，红花凋零了。""绿肥红瘦"历来为人称道，"绿"指代叶，"红"指代花，形成色彩的对比；"肥"形容雨后叶子茂盛肥大，枝繁叶茂，"瘦"形容花瓣凋零稀疏，形成状态的对比。两者巧妙结合，表现出春天即将悄悄逝去的现实，从而表达出隐藏在词人心中更深处的，对青春年华逝去的伤怀。

知识拓展

李清照（公元1084年—约公元1155年），宋代女词人，号易安居士。胡云翼在《宋词选》中点评："李清照在北宋颠覆之前颇多饮酒、惜花之作，反映出她那种极其悠闲、风雅的生活情调。"李清照另一首著名的《如梦令》也表现了醉酒之后的花间趣事。读一读，试着感受词人青春年少时尽兴游玩的愉快心情，和她一道感受荷丛荡舟，沉醉不归的奇趣经历。

如梦令
宋·李清照

常记溪亭日暮，
沉醉不知归路。
兴尽晚回舟，
误入藕花深处。
争渡，
争渡，
惊起一滩鸥鹭。

65 醉花阴

宋·李清照

薄雾浓云愁永昼①，瑞脑销金兽②。佳节又重阳③，玉枕纱厨④，半夜凉初透。

东篱⑤把酒黄昏后，有暗香⑥盈袖。莫道不销魂⑦，帘卷西风⑧，人比黄花⑨瘦。

词语释义

①永昼：漫长的白天。　②瑞脑销金兽：香炉里的香料渐渐燃烧。瑞脑：一种香料，又称龙瑞脑。金兽：兽形的铜香炉。　③重阳：农历九月初九为重阳节。《周易》以"九"为阳数，日月皆值阳数，并且相重，故名重阳。　④纱厨：防蚊蝇的纱帐。　⑤东篱：泛指采菊之地。陶渊明《饮酒》诗中有："采菊东篱下，悠然见南山。""东篱"成为诗人惯用的咏菊典故。　⑥暗香：指菊花的幽香。　⑦销魂：形容愁苦、忧愁、悲伤之情。　⑧西风：秋风。　⑨黄花：菊花。

诗意品析

这首词写的是重阳佳节，丈夫出门在外，妻子内心苦闷的情境。词人借词寄托思念之情，抒发离愁之苦。

词的视角如同电影镜头般一一展现。天空中布满了"薄雾浓云"，阴沉沉的天空，营造出分外愁闷的气氛。这漫长的一天怎么还没有过去？当愁苦笼罩时，时间总是过得分外慢。镜头再转向屋内，词人独坐房内，看着香炉内袅袅的青烟出神。重阳佳节，正是亲人团聚之时，可是词人却孤零零一人，"佳节又重阳"，一"又"字凸显孤独伤感。想到丈夫远在异地，词人夜里玉枕孤眠，

"半夜凉初透"。一个独守空房的少妇孤独寂寞的形象呼之欲出。

镜头跟着词人转向室外。"东篱把酒黄昏后"，词人想学着陶渊明的悠然洒脱，黄昏时分来到东篱赏花，借酒浇愁，试图掩饰内心那份寂寥。菊花盛放，幽幽的香气飘散开来，染得满身花香。这么美的景致，更让词人触景生情。想到此时自己与丈夫天各一方，在家家团圆的日子里，自己只能独对秋风中的瘦菊。看着菊花的纤长花瓣在秋风中越发堪怜，想到自己此刻因愁绪而日益憔悴，词人忍不住发出感叹"人比黄花瘦"。一个"瘦"字，用得新奇巧妙又贴切，将人的消瘦憔悴与花瓣的纤细柔弱相比，令人顿生怜意；一个"瘦"字也道尽了相思之苦，真可谓"为伊消得人憔悴"。以人比黄花，含蓄地表达出词人满腔的愁苦和思念。

知识拓展

李清照出身于书香门第，父亲李格非是北宋文学家，家中藏书颇丰。在文学氛围浓厚的家庭中，李清照耳濡目染，自幼便饱读诗书，加上天资聪颖，少年便才学过人。后与青年才俊赵明诚结为连理，琴瑟和谐，志趣相投，常常共谈诗词，把玩金石书画。

这首词是作者婚后所作，抒发的是重阳佳节，夫妻两地相离，妻子思念丈夫的心情。传说李清照将这首词寄给丈夫后，赵明诚又惊又喜，赞叹不已，又想和妻子一比高下。于是赵明诚闭门谢客，废寝忘食三天三夜，作词数阕，连同李清照的这一首夹杂其中，叫人评鉴。他的好友陆德夫读完后说只有三句写得最好。赵明诚忙问是哪三句，陆德夫答："莫道不销魂，帘卷西风，人比黄花瘦。"赵明诚心里更加钦佩妻子的才学。

李清照善用"瘦"字入词，著名的"知否，知否，应是绿肥红瘦"（《如梦令》），"新来瘦，非干病酒，不是悲秋"（《凤凰台上忆吹箫》）以及本词最后三句，都用"瘦"字形容花容人貌，新颖别致，因而被世人称为"李三瘦"。

66 满江红

宋·岳飞

怒发冲冠①，凭栏处、潇潇②雨歇。抬望眼③，仰天长啸④，壮怀激烈。三十功名尘与土⑤，八千里路云和月⑥。莫等闲⑦，白了少年头，空悲切！

靖康耻⑧，犹未雪。臣子恨，何时灭！驾长车⑨，踏破贺兰山⑩缺⑪。壮志饥餐胡虏⑫肉，笑谈渴饮匈奴⑬血。待从头、收拾旧山河，朝天阙⑭。

诗意品析

关于这首词的创作背景至今仍有争论，一种说法是写于岳飞入狱前。词以"怒"字开篇，以夸张的表现手法，极尽壮志难酬的悲壮愤懑。联系当时的背景，在班师途中，岳飞曾直接抒发了这种感情："所得诸郡，一朝全休！社稷江

词语释义

①怒发冲冠：气得头发竖起，以至于将帽子顶起，形容愤怒至极。　②潇潇：形容雨势急骤。　③抬望眼：抬头纵目向远处望去。　④长啸：感情激动时撮口发出清而长的声音，为古人的一种抒情举动。　⑤三十功名尘与土：年过三十，建立了一些功名，不过很微不足道。　⑥八千里路云和月：形容南征北战，路途遥远，披星戴月。　⑦等闲：轻易，随便。　⑧靖康耻：宋钦宗靖康二年（公元1127年），金兵攻陷汴京，虏走徽、钦二帝。　⑨长车：战车。　⑩贺兰山：贺兰山脉位于今宁夏回族自治区与内蒙古自治区交界处，这里指的是金人所在地。　⑪缺：指险隘的关口。　⑫胡虏：秦汉时称匈奴为胡虏，后世用为与中原敌对的北方部族的通称。此指金人。　⑬匈奴：古代北方少数民族之一，这里指的是金

山，难以中兴！乾坤世界，无由再复！"三十年勋业如今成尘土，征战千里只有浮云明月，这一切都变得烟消云散，这是一种任人宰割、悲耻交加、复兴无望、前功尽弃的复杂心绪。

人。 ⑭朝天阙（què）：朝见皇帝。天阙：本指宫殿前的楼观，这里指皇帝生活的地方。

但是词的情感不仅局限于"悲怒"，在客观条件无法支持的情况下，仍持有一如既往的爱国热情。"莫等闲，白了少年头，空悲切！"既是对少年豪杰的规劝，又饱含了自己报国无悔的热血。词的下阕以靖康之耻这个令宋室颇受打击的历史事件为切口，将仇恨的矛头直指金国入侵者。"靖康"是宋钦宗赵桓的年号，"靖康耻"指的是宋钦宗靖康二年（公元1127年），京城汴京和中原地区沦陷，徽、钦二帝被金人俘虏北去的奇耻大辱。渴望一雪国耻的岳飞以浪漫、乐观、激情的笔墨，将这一份爱国理想具体化，"壮志饥餐胡虏肉，笑谈渴饮匈奴血"，以战车铁骑向敌人复仇，以狂食痛饮金人血肉以泄被侵略之愤。

"待从头、收拾旧山河，朝天阙！"更是将满腔忠愤倾出肺腑，将忠于朝廷的信念和渴望杀尽敌人、保卫祖国疆土的壮志，糅合为美好的理想结局。

知识拓展

岳飞（公元1103年—公元1142年），字鹏举，相州汤阴（今属河南省）人。岳飞出身贫寒，是南宋杰出的爱国将领。他身经百战，屡建奇功，历官荆湖东路安抚都总、河南北诸路招讨使等职，曾大败金兀术，进军朱仙镇，后被赵构、秦桧以"莫须有"的罪名杀害。宋孝宗时追谥武穆，宋宁宗时追封鄂王，传说葬于西湖畔栖霞岭。有《岳武穆集》。

岳飞是历史上一心为国的名将，他母亲也深明大义、知书达理。根据古人留下的文字记载，在岳飞抗金时，母亲托人转告他，要倾尽全力报效君王，无需挂念家中老母。《宋史》记载了岳飞被审问时的情形：他毅然袒露后背，只见"尽忠报国"四个大字已经深入肌理。在这两个有据可考的故事的基础上，民间也渐渐传开"岳母刺字"的传说，到了清代的《如是观传奇》中，"尽"已经被讹传成了"精"，这部小说叙述了当时岳母刺"精忠报国"四字，提醒岳飞要时刻谨记尽忠于君王国家的故事，至今仍为一段佳话。

67 关山月①

宋·陆游

和戎②诏下十五年，
将军不战空临边。
朱门③沉沉按歌舞，
厩马④肥死弓断弦。
戍楼⑤刁斗⑥催落月，
三十从军今白发。
笛里谁知壮士心，
沙头⑦空照征人⑧骨。
中原干戈古亦闻，
岂有逆胡传子孙⑨！
遗民⑩忍死望恢复，
几处今宵垂泪痕。

词语释义

①关山月：乐府旧题。 ②和戎：原意是与少数民族和睦相处，实指宋朝向金人屈膝求安。宋孝宗于隆兴元年（公元1163年）下诏与金人第二次议和，至作者作此诗时，历时十五年。 ③朱门：红漆大门，借指豪门贵族。 ④厩（jiù）马：马棚中的马。 ⑤戍楼：边界上用以守望的岗楼。 ⑥刁斗：军用铜锅，可以做饭，也可用来打更。 ⑦沙头：边塞沙漠之地。 ⑧征人：出征戍守边塞的战士。 ⑨逆胡传子孙：指金人长期占领中原。金自太宗完颜晟进占中原，至此时已有四世，故云传子孙。 ⑩遗民：指金国占领下的中原百姓。

诗意品析

南宋隆兴元年（公元1163年），宋军在符离大败之后，十一月，宋孝宗召集廷臣，权衡与金国议和的得失，最后达成和议。到了宋孝宗淳熙四年（公元1177年），此时距当年下诏议和已十五年了，南宋朝廷不思恢复，沉浸在苟安的和平里，诗人感伤时事写下此诗。

全诗在内容上分为三个场景：一是豪门贵宅中的文武官员，花天酒地，不思复国；二是戍边战士无所事事，报国无门；三是中原遗民忍辱负重，盼望统一。这三个场景构成了三幅对比鲜明的图画，揭露和抨击了当权者只顾自己享乐，不思恢复故土的腐败作风。

诗歌紧扣一个"月"字。同一个月亮，守边的战士抒发怀乡之情；亡国的遗民见了它，牵动故国之思；可是在南宋统治集团看来，这正是莺歌燕舞的好时间。借着月光的照射，诗人从历史到现实，对长期和戎不战的政治局面进行了鲜明真切的艺术概括，沉痛悲愤之情充溢于字里行间。

知识拓展

陆游（公元1125年—公元1210年），字务观，号放翁。越州山阴（今浙江绍兴）人，南宋爱国诗人。陆游的诗今存九千多首，内容极为丰富。其诗大多抒发政治抱负，反映人民疾苦，风格雄浑豪放。

南宋诗人陆游从小就刻苦勤奋、敏而好学。他的书房里，桌子上摆的是书，柜中装的是书，床上堆的也是书，环顾四周，全部都是书。他的饮食起居、生病呻吟、忧愁、悲伤、愤怒、感叹，都和书在一起。他的书围绕着他，有时甚至到了不能行走的地步。他笑自己："这不是变成了一个鸟窝吗？"他的朋友来访，到了门口被书堵着进不去，好不容易进去了又被书堵着出不来，他的朋友感叹："确实像个鸟窝。"

正因为勤学好学，陆游才能够成为一名高产的伟大诗人。

68 钗头凤

宋·陆游

红酥手，黄縢酒^①，满城春色宫墙^②柳。东风恶，欢情薄。一怀愁绪，几年离索^③。错！错！错！

春如旧，人空瘦，泪痕红浥^④鲛绡^⑤透。桃花落，闲池阁^⑥。山盟^⑦虽在，锦书^⑧难托。莫！莫！莫！

诗意品析

陆游的《钗头凤》，描述的是一个感人的爱情悲剧。

上阕中，开头三句回忆往日温馨时光。红润细软的纤手，黄封美酒，以及满园碧柳，构成明丽欢悦的色彩。然而好景不长，"东风恶"二句便是对破坏美好欢情的直接倾诉。昔日的欢情，被母亲破坏，有如强劲的东风把枝头繁花一扫成空。别后数年心境索寞，满怀愁绪未尝稍释，而此恨既已铸成，事实已无可挽回。

词语释义

①黄縢(téng)酒：又名"黄封酒"，宋代一种宫廷特酿的专供皇帝和皇族饮用的酒。用黄色的绸布封盖，用黄色丝绳縢绕扎紧，故称"黄縢酒"或"黄封酒"。縢：绳子。　②宫墙：南宋以绍兴为陪都，因此有宫墙。③离索：离群索居的简括。　④浥(yì)：湿润。⑤鲛绡(jiāo xiāo)：神话传说鲛人所织的绡，极薄，后用以泛指薄纱，这里指手帕。绡：生丝织物。　⑥池阁：池边的楼阁。　⑦山盟："山盟海誓"的简说，即指着山和海盟誓，表示盟约和誓言像山和海那样永恒不变，这里指当初的爱情誓言。　⑧锦书：书信的美称。

下阕以如今园中暮春残景，比照上阕的繁华之景，衬托出陆游极度孤寂冷清的心境。眼前风光依稀如旧，而人事已改。情切切，恨绵绵，有情人生作死别，多少思恋、期盼、绝望、感伤、无奈、悔恨、惆怅，凝成一句"莫！莫！莫！"三字呼号而出，可谓诗人椎心泣血之痛，是悲叹，更是叩问！

知识拓展

陆游原来娶表妹唐琬为妻，夫妻二人非常恩爱。但是陆游母亲不喜欢唐琬，陆游尽管百般不愿，无奈母命难违，只好一纸休书与唐琬分离。后来，陆游另娶了王氏，唐琬也改嫁同郡的赵士程。十年后，在绍兴二十五年（公元1155年）春天，三十一岁的陆游到山阴城东南的沈园游玩，巧遇唐琬。唐琬以黄滕酒肴殷勤款待陆游，旧情未了的词人百感交集，依依不舍，但也只能怅然如失，就题写了这首词在沈园墙壁上。

据传唐琬也以血泪相和一首《钗头凤》："世情薄，人情恶。雨送黄昏花易落。晓风干，泪痕残。欲笺心事，独语斜阑，难！难！难！　人成各，今非昨。病魂常似秋千索。角声寒，夜阑珊。怕人寻问，咽泪装欢。瞒！瞒！瞒！"不久，唐琬就抑郁而终。

69 卜算子^①·咏梅

宋·陆游

驿外^②断桥^③边，寂寞开无主。
已是黄昏独自愁，更著^④风和雨。

无意苦^⑤争春，一任^⑥群芳妒。
零落^⑦成泥碾^⑧作尘，只有香如故。

诗意品析

陆游词作量不如诗篇巨大，但和诗一样贯穿了气吞残虏的爱国主义精神。

这首《卜算子》以"咏梅"为题，以梅花自喻，托物言志，通过咏叹梅花的清高脱俗，表达了自己不畏谗毁，坚贞自守，孤高雅洁的志趣。

为了展现梅花的孤高雅洁，陆游不遗余力地描绘梅花所处环境的恶劣来加以烘托。

该词先写梅花的生长环境，"驿外断桥边"，清幽绝俗的梅花，竟开在郊野驿站外，破败断桥边。无人过问，无人欣赏，独自开放，独自飘零，凄苦寂寞之感顿时显现。

这绝俗又凄苦的梅花开放在日暮黄昏时候，愁苦之情更甚，而即使"愁

词语释义

①卜(bǔ)算子：词牌名。
②驿(yì)外：指荒僻、冷清之地。驿：驿站，古代传递政府文书的人中途换马匹休息、住宿的地方。 ③断桥：残破的桥。 ④更著：又受到。著(zhuó)：同"着"，这里是遭受的意思。 ⑤苦：费尽心力，竭力。 ⑥一任：完全任凭。 ⑦零落：凋谢。
⑧碾(niǎn)：轧碎。

苦"也只能"独自愁",从而为这份愁更添一层孤苦。

接着,作者再写梅花开放时的天气状况,风雨交加。梅花所处的困苦处境已到极致。"更著"两个字力重千钧,仿佛这种愁苦无人能承受。至此梅花所处的困顿之境已渲染到高潮。可是,尽管环境如此冷峻,它还是"开"了。上阕四句,只写梅花处境恶劣,对于梅花只用一"开"字,但是它的孤高倔强已不言自明。

下阕继续渲染梅花处境的困厄:群芳之妒的辛酸,凋零为尘的凄苦。所有这些困厄的渲染,只为突出梅花品格——"一任",这"一任"表现它的朴实无华,不慕虚荣,与世无争,在寒冬孤傲开放。"只有香如故",突出它的志节高尚,操守如故,就算沦落到化泥作尘的地步,还香气依旧。作者借梅言志,以梅花自喻,表达了虽历尽坎坷,依然矢志不渝,不畏谗毁,坚贞自守的坚毅情怀。

这首词是陆游在宋、金斗争中,力主抗战,却屡遭打击,告老归田后所作,是一首托物言志词,借梅花写自己的孤寂境遇和坚贞节操,笔致细腻,意味深隽,是咏梅词中的绝唱。

知识拓展

文学史上流传着不少陆游的故事,其中"一字师"的故事广为流传。

乾道八年(公元1172年),陆游前往抗金前线,途经四川蟠龙山,正逢蟠龙桥落成,当地官员得知大诗人陆游前来,特备笔墨,请陆游为蟠龙桥题写对联。陆游见那蟠龙桥像一条蛟龙飞跨山涧,又如雨后彩虹横亘天际,如诗如画,不禁连连称赞。略思片刻,便在桥头石壁上写下:"桥锁蟠龙,阴雨千缕翠;林栖鸣凤,晓日一片红。"然后跨马下山到县城住宿。陆游走后,当地一姓肖的父女走来观看。女儿肖英姑看完对联,若有所思地说:"此联不愧出自大诗人之手,只是有一字不太贴切,弱了气魄。"原来,这肖英姑本出自书香门第,天资聪颖,能诗善赋,只是家道中落,在此随父打柴为生。英姑这无意中一句评论,不多时竟传到了陆游的耳朵里。他听后大为纳罕,思来想去,不知哪一字弱了气魄。次日,陆游特地登门求教,却与其失之交臂。陆游回到住所,当晚又一夜没睡,仍未想出是哪个字不妥。于是再访求教。英姑于是指出："下联'林栖鸣凤，晓日一片红'中的'一片红'，若改为'一声红'岂不更妙？凤凰叫而旭日升，有声有色。不知大人以为如何？"陆游听罢，沉吟片刻后，连声赞道："妙，妙，妙，好个'一声红'！真是一字师也。"陆游心悦诚服，欣然来到蟠龙桥，将"片"字改为"声"字。英姑成为陆游的一字师的故事很快就传开了，一直流传至今。

70 晓出^①净慈寺^②送林子方^③

宋·杨万里

毕竟^④西湖六月中，
风光不与四时^⑤同。
接天^⑥莲叶无穷碧，
映日荷花别样红。

词语释义

①晓出：太阳刚刚升起的时候走出。　②净慈寺：全名"净慈报恩光孝禅寺"。③林子方：作者的朋友，官居直阁秘书。　④毕竟：到底。　⑤四时：春夏秋冬四个季节，这里指六月以外的其他时节。　⑥接天：像与天空相接。

诗意品析

这不仅是一首写景诗，还是一首表意隐晦的送别诗。

林子方是作者的好友，当时正要离京赴任福州知府。杨万里实在是舍不得这位好友的离开，于是在诗作的开头就突兀地来了一句"毕竟西湖六月中，风光不与四时同"。"毕竟"一词虽显得突兀但确实精妙，有向好友着急展示西湖美景的意味。

果然，后两句杨万里便用他精妙的笔墨把西湖的美景写到了极致，"接天莲叶无穷碧，映日荷花别样红"，"接天莲叶"指莲叶无边无际仿佛与天宇相接，而在灿烂阳光的映照下，那朵朵荷花红得那样娇艳，一"碧"一"红"相互映衬，是多么明艳动人的西湖美景啊！

杨万里想要挽留自己的好友，却又不愿意表露得太直白，只能在诗里旁敲侧击地隐晦表达："不要走吧，你看，西湖是多么迷人美丽！"

尽管诗歌描绘的意境很美，但林子方到底还是走了。还好他走了，否则，这首美丽动人的诗歌说不定就会湮没在杨万里和他的日常交往当中。

知识拓展

　　杨万里不仅是位诗人，还是一位爱国的大臣。

　　杨万里为官刚正不阿，遇事敢言，却始终没有得到朝廷的重用，可他并不太在意。在京为官时，杨万里就预先准备好了回家盘缠，同时告诫家人不许购置物品，免得离职回家麻烦。

　　权臣韩侂（tuō）胄（zhòu）专权之后，想要网罗四方人士为其羽翼。有一次，他修筑了南园，嘱咐杨万里为南园写一篇记，并许诺给他高官。杨万里鄙视韩侂胄的为人，答复说："官可以不做，记是不能写的。"杨万里因此得罪了韩侂胄，在家闲居十五年。

　　韩侂胄肆意妄为，杨万里愤愤不平，终于病倒了。家人知其担忧国事，因此凡是和时政有关的事情都不告诉他。一天，有个年轻族人从外面回来了，说起韩侂胄胡乱用兵的事情。杨万里听后失声痛哭，叫家人拿来纸笔写道："韩侂胄奸臣，专权无上，动兵残民，谋危社稷，吾头颅如许，报国无路，惟有孤愤！"

71 青玉案·元夕①

宋·辛弃疾

东风夜放花千树②，更吹落，星如雨③。宝马雕车④香满路。凤箫⑤声动，玉壶⑥光转，一夜鱼龙舞⑦。

蛾儿雪柳黄金缕⑧，笑语盈盈暗香⑨去。众里寻他⑩千百度，蓦然⑪回首，那人却在，灯火阑珊⑫处。

诗意品析

古代词人写元宵节的词，不计其数，辛弃疾的这一首，可谓是首屈一指。本词最大的特色就是运用了反衬的表现手法，用强烈的对比与冲突来表达作者的思想情感。

上阕词人竭尽所能地描写了元宵节灯火辉煌、歌舞繁盛的热闹景象。"东风夜放花千树"，这一句化用了岑参的诗句"忽如一夜春风来，千树万树梨花开"的意境，写出满城灯火，就像是一夜春风吹开了千树万树的繁花。"星如雨"是指满天的焰火明灭，

词语释义

①元夕：夏历正月十五日为上元节，或称元宵节，此夜称元夕或元夜。　②花千树：花灯之多如千树开花。　③星如雨：指焰火纷纷，乱落如雨。星：指焰火，形容满天的烟花。　④宝马雕车：豪华的马车。　⑤凤箫：箫的美称。　⑥玉壶：比喻明月，亦可解释为明灯。　⑦鱼龙舞：指舞动鱼形、龙形的彩灯。　⑧蛾儿雪柳黄金缕：写元夕的妇女装饰。蛾儿、雪柳、黄金缕，皆指古代妇女元宵节时头上佩戴的各种装饰品，这里指盛装的妇女。　⑨暗香：本指花香，此指仕女们身上散发出来的香气。　⑩他：泛指第三人称，古时就包括"她"。　⑪蓦（mò）然：突然，猛然。　⑫阑珊：零落稀疏的样子。

155

就像是春风把满天星斗吹落。这一句写出了灯火之盛、之美，也写出了元宵佳节的热闹非凡，渲染出了节日的热烈气氛。"宝马雕车香满路"，写出了游人之多。"凤箫声动"三句写出了元宵之夜歌舞之盛，描绘了节日的夜晚，在月光下，一片狂欢景象，到处是笙箫齐鸣，到处是彩灯飞舞。"蛾儿雪柳黄金缕"两句描摹仕女们穿着的富丽与欢声笑语，热闹无比的场景。

灯火盛美，游人如织，美女如云，载歌载舞，彻夜狂欢，作者从这些角度极言元宵佳节的热闹。同时，词人用词极其繁丽，如"宝""雕""凤""玉"等，仕女装扮的繁复与华丽也为这元宵佳节的热闹更添一分气势。

上阕由灯、月、烟火、笙笛、歌舞交织成的元夕欢腾，下阕惹人眼花缭乱的一群群美丽女子，原来都只是为了那一个意中之人而设。灯火越辉煌，人们越欢乐，佳节越热闹，就越显出意中人的孤高和不流俗。因此，不管周遭多么热闹，主人公都心心念念地千百次找寻，终在灯火冷清之地寻觅到她。"千百度"极言寻觅之苦，而"蓦然"则写出找到她后的惊喜。全词通过强烈的对比，反衬出了一个自甘寂寞、性格孤高、不随波逐流的女性形象，借此寄托词人的理想和追求。辛弃疾一生力主抗战，屡受排挤，但他矢志不移，宁可过寂寞的闲居生活，也不肯与投降派同流合污。

知识拓展

辛弃疾（公元1140年—公元1207年），原字担夫，后改为幼安，号稼轩，山东东路济南府（今济南市）人。南宋豪放派词人，有《稼轩长短句》传世。

晚清学者王国维在《人间词话》里谈到了"治学经验"，提出"三境界"论。他说："古今之成大事业、大学问者，必经过三种之境界。"

"第一境界"出自晏殊的《蝶恋花》："昨夜西风凋碧树，独上高楼，望尽天涯路。"此句原意是：我独自登上高楼，凭栏远望，却看不到想看的人，顿时百感交集，无限惆怅。这就如一名学者刚开始做学问时那种对知识的惆怅迷惘的心情。王国维以此说明做学问成大事业者，要有执着的追求，不怕孤独寂寞，要有明确的目标与方向，并立下志向。这是做学问的第一层境界：立志。

"第二境界"出自柳永的《蝶恋花》："衣带渐宽终不悔，为伊消得人憔悴。"这句原意是指沉溺于热恋中的情人对爱情的执着，人消瘦了，但决不后悔，表现作者爱得艰辛和无悔。这就如学者在追求知识的过程中所表现出的一种认定了目标就呕心沥血、孜孜以求的执着精神。若把"伊"字理解为词人所追求的理想和毕生从事的事业，也无不可。王国维用它来比喻成大事业、大学问者，为了追求自己的理想，必须坚定不移，废寝忘食，夜以继日，就是人瘦衣宽也不后悔。这是做学问的第二层境界：锲而不舍的追求和忘我的奋斗。

　　"第三境界"出自辛弃疾的《青玉案》："众里寻他千百度，蓦然回首，那人却在，灯火阑珊处。"这句原意是我在热闹的人群中千百次地寻找她，却总是芳容难觅。突然回首，才发现她在灯火稀疏之处。在做学问上，没有千百次的上下求索，就不会有瞬间的顿悟和理解。王国维以这句比喻一个学者，必须经过长期的努力奋斗和艰苦钻研，才能一朝顿悟，豁然开朗，获得成功。这是做学问的第三层境界：突破瓶颈，获得成功。

72 西江月①·夜行黄沙②道中

宋·辛弃疾

明月别枝惊鹊③，清风半夜鸣蝉。稻花香里说丰年，听取蛙声一片。

七八个星天外，两三点雨山前。旧时④茅店⑤社林⑥边，路转溪桥忽见⑦。

诗意品析

从表面上看，这首词的题材都是一些极其平凡的景物，语言没有任何雕饰，没有用典故，层次安排也完全顺其自然，平平淡淡。然而，正是在看似平淡之中，却有着词人独运的匠心，淳厚的感情。

前两句"明月别枝惊鹊，清风半夜鸣蝉"，表面看来，写的是风、月、蝉、鹊这些极其平常的景物，然而经过作者巧妙的组合，平常中就显得不平常了。"惊鹊"和"鸣蝉"两句动中寓静，把半夜"明月""清风"下的景色描绘得令人悠然神往。

接下来"稻花香里说丰年，听取蛙声一片"，词人把目光转移到了田野，从漫村遍野的稻花香，联想到即将到来的丰年景象。此时此刻，词人与人民同呼吸的欢乐，尽在词中。

"七八个星天外，两三点雨山前"，在这里，"星"是寥落的疏星，"雨"是轻微的阵雨，这些都与上阕的清幽夜色和浓郁的乡土气息相吻合。可是词人笔锋一转，小桥一过，乡村林边茅店的影子却意想不到地展现在人们的眼前。词人因为沉醉于丰收的稻香中，竟忘却了熟悉的归路。前面"路转"，后面"忽见"，既衬出了词人骤然间看出了分明临近旧屋的欢欣，又表达了他由于沉浸在稻花香中以至于忘了道路远近的怡然自得的入迷心境。词句体现了作者深厚的艺术表现力，令人回味无穷。

知识拓展

辛弃疾不但词写得好，年轻时更是一名勇猛的将领。

绍兴三十一年（公元1161年），金主完颜亮大举南侵，金人统治区的汉族人民由于不堪金人严苛的压榨，奋起反抗。二十一岁的辛弃疾也聚集了两千人，参加了由耿京领导的一支声势浩大的起义军，并担任掌书记的官职。

当时金人内部矛盾爆发，完颜亮在前线被部下杀死，金军向北撤退。辛弃疾于绍兴三十二年（公元1162年）奉命南下与南宋朝廷联络。他在完成使命归来的途中，听到了耿京被叛徒张安国所杀、义军溃散的消息。悲愤异常的他豪气顿生，毅然率领五十多人袭击敌人的官府。敌人被这支小小队伍的宏大气势所震慑，竟然吓得呆若木鸡，听任他们冲进官府大厅，俘获了叛徒。

最后，辛弃疾把叛徒带回建康，交给南宋朝廷处决（当街游行示众，后被砍头）。而年轻勇敢的辛弃疾，也因此名震天下。

73 题临安①邸②

宋·林升

山外青山楼外楼③，
西湖歌舞几时休？
暖风熏④得游人醉，
直把杭州作汴州⑤。

词语释义

①临安：今浙江省杭州市，南宋都城。 ②邸：旅店。③山外青山楼外楼：青山外面又有青山，楼阁外面又有楼阁，形容青山和楼阁连绵不断。 ④熏：这里指的是风吹。 ⑤汴州：北宋都城汴梁。

诗意品析

北宋统治者对辽、西夏、金的屈辱退让，换取苟安，一步步导致了中原被占，两朝皇帝做了俘虏。靠着向辽、西夏、金屈辱输币而勉强维持苟安的南宋王朝，丝毫没有吸取沉痛的历史教训。宋高宗南渡后，君臣们偏安东南一隅，不思恢复。绍兴二年（公元1132年），宋高宗第二次回到杭州。这水光山色、冠绝东南的"人间天堂"被选中作为安乐窝，建明堂，修太庙，宫殿楼观一时兴起，达官显宦、富商大贾也相继经营宅第，壮大"帝王之居"。君臣在奢靡的歌舞中享乐，沉溺于日复一日的腐朽生活中。一些爱国志士对此义愤填膺，纷纷指责统治者醉生梦死，不顾国计民生。

这首诗歌正是讽刺了南宋统治者一味纵情享乐而不思自振的现实。诗歌以"山外青山楼外楼"这句脍炙人口的写景之句开篇，从空间着眼，近处的青山延绵到远处还是青山，华丽的楼台鳞次栉比，一望无际，既写了杭州优美独特的自然风景，又揭示了南宋君臣们大兴土木、骄奢淫逸的生活。"几时休"三字，毫不掩饰地痛斥了他们欣赏靡歌曼舞，忘乎所以，无休无止的享乐行为。

"暖风熏得游人醉"中的"暖风"，一层意思指的是西湖上和煦温暖的春风，更深一层的意思指的是佳人在怀、美酒在手的骄奢荒淫的生活。"熏""醉"两个动词，带有讽刺色彩地揭露了这些君臣置国家衰微和人民痛苦于不顾，依旧歌舞升平、醉生梦死的丑态。

"直把杭州作汴州"，令人联想到"乐不思蜀"的悲哀，在杭州纵情享乐的统治者仍然不振朝纲，将杭州当作安乐窝。大兴土木、荒淫无度是汴京沦陷的一大原因，这样的历史命运似乎也将在杭州重演。

知识拓展

林升，字云友，又字梦屏。大约生活在南宋孝宗年间（公元1106年—公元1170年），是一位擅长诗文的江湖诗人。这首《题临安邸》相传是写在南宋皇都临安一家旅舍墙壁上的"墙头诗"。原来的诗歌并没有题目，是清人收录在《宋诗纪要》中时，加了"题临安邸"这个题目。

这首诗对于后代的影响颇大，讽刺手法引人效仿，如清初诗人毛际可曾戏作《西湖竹枝词》，其中就有一句"摊成薄饼光如纸，怪道临安似汴州"。薄饼这种汴京小吃，依旧出现在南宋君臣的日常生活中，似乎是故都气息的一丝残存。然而，这背后的耻辱经历又有几人回忆得起？以小见大，诗人们对这些细节的描摹，无不体现了对统治者苟且偷安行为的辛辣讽刺。

74 游园不值①

宋·叶绍翁

应怜②屐齿③印苍苔，
小扣④柴扉⑤久不开。
春色满园关不住，
一枝红杏出墙来。

词语释义

①值，遇到。　②应怜：应该怜惜。　③屐(jī)齿：屐是古代一种木底鞋，鞋底有槽齿，叫屐齿，以便行走和防滑。　④小扣：轻轻地敲门。　⑤柴扉：用树枝、木柴制成的门。扉：门。

诗意品析

这是一首饶有趣味的春游小诗，短短四句，展现了诗人打算来朋友园中一赏春光，乘兴而来，却扫兴而出，最后又得兴而归的故事。

大概是在一个天朗气清、阳光柔和的春日里，诗人前往朋友家中，打算一同游赏春光。标题"游园不值"，直接表达了这次春游的结果——没有遇到主人。这多少令诗人感到失望。然而，诗歌前两句却予人别有兴味之感。"大概是园子的主人怜惜青苔，怕我的木屐踩在上面留下印痕吧，所以我轻轻地敲了柴门好久，但没有人来开门。"明明是主人不在家，诗人却展开联想，认为是主人怜惜青苔的缘故，似乎不愿意让这满园春光中的一点一滴受到破坏，所以故意闭门谢客，真是风趣幽默的自我开解，同时也与下文相呼应。

诗人进不了园子，只能在园子外徘徊、感叹。正在他无可奈何准备扫兴而归时，突然，抬起头，眼前的一幕令他惊喜——一枝盛开的杏花从园墙上探出头来，花开红艳，娇美无比。"春色满园关不住，一枝红杏出墙来。"这满园的春色已经满溢出来，任主人园门紧闭，也无法将这春光关住。除了探出枝头的红杏，园子里该有多少春的花木在绽放，花香氤氲，蝶舞蜂飞，灵动的春光喷薄而出。诗人从一枝红杏中，领略到了满园热闹的春光，尽情抒发了对漫天绚烂春光的赞美和喜爱之情。这首诗写得曲折又有层次，令人回味无穷，想象无限。

这首诗最出名的是末两句，后世的读者赋予了它更深的生活哲理：新生事物一定会突破重重困难，焕发出蓬勃的生命力。对于这种现象，近代词人、学者谭献在《〈复堂词录〉序》中说："作者之用心未必然，而读者之用心何必不然。"有时候读者不妨以自己的生活经历和审美情趣，扩展诗的意境，让诗具有更丰富的内涵。

▌知识拓展▐

叶绍翁的这首《游园不值》中，用"苍"来形容青苔的颜色。"苍"，是深青色的。一个"苍"字，让我们感受到诗中的青苔，应该不是新长出来的稀稀疏疏的嫩绿色苔藓，而是有一定厚度，绒绒的如深绿地毯一般的青苔。这样一来，画面感一下子就凸显出来了，不动声色中表现了春意之浓。

中国是一个诗意的民族，就连对颜色的称呼也极富美学色彩。中国传统色彩词的名称也非常讲究，不同色彩有着非常细微的区别。

比如，白，有"牙色""雪白""月白""茶白""霜色""缟"等。

红，有"桃红""海棠红""石榴红""绯红""嫣红""朱红""酡红""茜色""丹""赤""炎"等。

黄，有"鹅黄""樱草黄""杏黄""橘黄""橙黄""姜黄""缃色""橙色""茶色"等。

绿，有"嫩绿""柳绿""油绿""草绿""豆绿""松柏绿""竹青""葱青""青碧""翡翠色""鹅卵青"等。

蓝，有"靛蓝""碧蓝""宝蓝""藏青"等。

此外，还有"藕荷色""丁香色""绀紫""紫檀"等。

这些色彩名称的灵感，来自于古代人民对自然的观察和细腻的感受，并糅合了丰富的想象，从而造就出如此唯美的色彩词。

75 过零丁洋①

宋·文天祥

辛苦遭逢②起一经③，
干戈④寥落⑤四周星⑥。
山河破碎风飘絮，
身世浮沉雨打萍。
惶恐滩⑦头说惶恐，
零丁洋里叹零丁⑧。
人生自古谁无死？
留取丹心⑨照汗青⑩。

诗意品析

　　南宋末年，文天祥在潮州与元军作战被俘，元军逼迫他说服坚守崖山的宋军投降，他写此诗以明其志，表现出视死如归、大义凛然的英雄气概。

　　首联自叙生平，思今忆昔。文天祥从起兵勤王至被俘，正好四个年头。此句"寥落"即稀疏、疏散，指宋元间的战事已经接近尾声，南宋几近灭亡。

　　颔联从国家和个人两方面加以铺

词语释义

①零丁洋：在今广东省珠江口外。公元1278年底，文天祥率军在广东五坡岭与元军激战，兵败被俘，囚禁于船上，曾经过零丁洋。
②遭逢：遭遇。　③起一经：因为精通一种经籍而通过科举考试做官。文天祥二十岁考中状元。　④干戈：指抗元战争。
⑤寥(liáo)落：荒凉冷落。　⑥四周星：四周年。文天祥从公元1275年起兵抗元，到公元1278年被俘，一共四年。　⑦惶恐滩：在今江西省万安县，是赣江中的险滩。公元1277年，文天祥在江西被元军打败，所率军队死伤惨重，妻子儿女也被元军俘虏。他经惶恐滩撤到福建。　⑧零丁：孤苦无依的样子。　⑨丹心：红心，比喻忠心。　⑩汗青：史册。古时在竹简上书写，先用火烤干其中水分，干后易写，并免虫蛀，故称汗青。

叙。柳絮无根，无依无靠，再遇"风飘"，国之破碎，任人宰割可见一斑。国家如此，个人的命运更是如此。浮萍无根，无依无附，再受"雨打"，个人命运何其凄苦。作者用凄凉景物喻国事的衰微和个人命运的坎坷，极言哀恸。这一联对仗工整，比喻贴切，形象鲜明，感情炽烈，反映了国家前途和个人命运紧密联系的现实，也表现了作者面对国家的灾难、个人的坎坷，内心万般痛苦煎熬的真切感受。

颈联继续追述今昔不同的处境和心情。彼时"惶恐滩"前，作为战将，面对强大敌人，他恐不能完成守土复国的使命，惶恐不安。此时"零丁洋"上，作为阶下囚，他孤苦伶仃，痛苦凄凉。"惶恐滩"与"零丁洋"两个带有感情色彩的地名自然相对，而又被作者用来表现他昨日的"惶恐"与眼前的"零丁"，可谓诗史上的妙笔。此联作者以亲身遭遇的典型事件，再度展示诗人因国家覆灭和己遭危难而战栗的痛苦心境。

这两联里的"风飘絮""雨打萍""惶恐滩""零丁洋"都是眼前景物，作者信手拈来，对仗工整，语出自然，且形象生动，自然而然地流露出作者的一腔悲愤。

当作者把家国之恨、艰危困厄渲染到极致，悲痛之情汇聚到高潮时，尾联却一笔宕开："人生自古谁无死？留取丹心照汗青。"以磅礴的气势、高亢的情调收束全篇，致使全篇由悲而壮，由郁而扬，成为一曲千古不朽的壮歌，也表现出他的民族气节和舍生取义的生死观。

知识拓展

文天祥（公元1236年—公元1283年），吉州庐陵（今江西吉安）人。恭帝德祐元年（公元1275年），他在赣州组织义军北上抗元。祥兴元年（公元1278年）十二月，文天祥经过连番激战后，在五坡岭（今广东海丰北）兵败被俘。

文天祥从被俘到就义，一共被囚禁了三年零两个月。这段时间，元朝千方百计地对他进行劝降、逼降、诱降。元朝将他的妻女俘获送到大都，想利用骨肉亲情劝降文天祥。文天祥却表明国既破，家亦不能全，骨肉团聚就意味着变节投降。他虽肝肠寸

断，但仍态度坚定，不肯投降。

亲情利诱未能使文天祥屈服，元朝统治者就用酷刑折磨他。他们给文天祥戴上沉重的木枷，把他关在潮湿寒冷、臭秽污浊的土牢里。每天不让他吃饱，让他睡在高低不平的木板上无法安眠。他还经常遭到狱卒的呵斥打骂，如同生活在地狱里，但他仍然坚决不低头。

元朝统治者仍不死心，又利用高官诱降。至元十九年（公元1282年），忽必烈下了谕旨，拟授文天祥高官显位，他坚决不受。不久，忽必烈又下令优待文天祥，给他上等饭食，他坚决不吃。忽必烈召见文天祥，他也不跪拜。忽必烈当面许文天祥宰相、枢密使等高职，又被他严词拒绝，并说："但愿一死！"

元朝统治者只好处死他。在被押往刑场时，他神色自然，态度从容，英勇就义。文天祥的英勇就义也印证了他写的那句"人生自古谁无死？留取丹心照汗青"。千百年来，文天祥的民族气节和爱国精神一直激励着一代又一代的中华儿女。

76 摸鱼儿①·雁丘词

金·元好问

乙丑岁②赴试并州③，道逢捕雁者云："今旦获一雁，杀之矣。其脱网者悲鸣不能去④，竟⑤自投于地而死。"予因买得之，葬之汾水⑥之上，垒石为识⑦，号曰"雁丘"。同行者多为赋诗，予亦有《雁丘词》。旧所作无宫商⑧，今改定之。

问世间，情是何物，直教⑨生死相许？天南地北双飞客⑩，老翅几回寒暑。欢乐趣，离别苦，就中更有痴儿女。君应有语：渺万里层云⑪，千山暮雪，只影⑫向谁去？

横汾⑬路，寂寞当年箫鼓，荒烟依旧平楚⑭。招魂楚些⑮何嗟及⑯，山鬼⑰暗啼风雨。天也妒，未信与，莺儿燕子⑱俱黄土。千秋万古，为留待骚人⑲，狂歌痛饮，来访雁丘处。

词语释义

①摸鱼儿：词牌名，又名《迈陂塘》。　②乙丑岁：金章宗泰和五年（公元1205年）。③赴试并州：前往并州应试。并州：今山西省太原市。　④不能去：舍不得离开，不忍心离开。　⑤竟：最终。　⑥汾（fén）水：流经今山西省境内，注入黄河。　⑦识（zhì）：标志。⑧无宫商：未配曲调。　⑨直教：竟然让。　⑩天南地北双飞客：雁儿于天南地北双宿双飞。天南地北：大雁是候鸟，秋日南下，春天北上，所以说天南地北。双飞客：指雁儿双宿双飞。　⑪层云：层层叠叠密布的云。⑫只影：孤身。　⑬横汾：横渡汾水。指汉代时，汉武帝多次渡过汾河，祭祀河东汾阴后土。传说他渡汾水

诗意品析

词的小序交代了写作的背景，可见是词人有感于真实事件，并经过多年的酝酿沉淀所得。元好问曾在前往并州应试途中，听闻射雁者讲述了一件奇事：猎人在今天早上捕获并猎杀了一只大雁，但另一只挣脱了的大雁竟然盘旋于空中不愿离开，最后自己投地而死。元好问被这对奇禽生死相随的感情所动，于是买下了这对大雁的遗体，将它们埋葬在汾水边，堆积石头作为标识，称之为"雁丘"。当时同行的人大多被这对大雁的深重情义所感动而为其赋诗，元好问当时也写了《雁丘词》，后来又加上音律曲调，最终呈现在我们面前的就是这篇动情千古的佳作了。

时所作的《秋风辞》中说："横中流兮扬素波，箫鼓鸣兮发棹歌。"横：横渡，跨越。　⑭平楚：平远的树林。楚：丛生的树木。⑮楚些：《楚辞》中有《招魂》一篇，相传是宋玉为楚王招魂所作，文中多用楚语，不少句子以虚词"些"字收尾，所以这里也用"楚些"。⑯何嗟及：悲叹无济于事。　⑰山鬼：《楚辞·九歌》中篇名。　⑱莺儿燕子：黄莺、燕子，诗词中多用来比喻用情不专的世俗女子。　⑲骚人：诗人。

词开门见山便是"问情"，世上困惑于"情"的痴男怨女不可胜数，不禁令人发问，到底"情"是什么，竟能让人做到生死相随的地步。"天南地北""几回寒暑"分别从时间、空间的双重维度，写出了一对大雁无时无刻不依偎相伴，双宿双飞，相依为命的情景。爱情中既有欢聚也偶有离别，但就算外界条件再困苦艰险，也不能使它们分离。然而，生死终令痴情儿女阴阳两隔，落单的一方，迷失于万里层云、千山暮雪的孤寂中，形单影只地生活。

词的下阕又引出了当年汉武帝横渡汾水的热闹，更加衬托出现在的萧条冷寂。词人不禁感慨就算是为死去的大雁招魂又有何用，这对怨侣只能在风雨中啼哭。可惜老天爷竟然让它们经历生离死别的痛苦，以考验为爱殉情的真心，与莺莺燕燕们一道化作一抔黄土！然而，这份真情长存于世间，不会被人忘却，只留待文人墨客们通过狂歌痛饮来挥洒诗意了！

知识拓展

元好（hào）问（公元1190年—公元1257年），字裕之，号遗山，太原秀容（今山西省忻州市）人，是北魏鲜卑族后裔。兴定五年（公元1221年）中进士，官至尚书省掾、左司都事，转员外郎。金亡不仕，元宪宗七年（公元1257年）卒于获鹿寓舍。

元好问的词以讴歌真情见长。他在另一首《摸鱼儿·问莲根》中讲述了另一个凄美的爱情故事：泰和年间，河北大名府有两个青年男女相互深爱彼此，却遭家人反对，不惜投河自尽，以身殉情，那年的荷花无不并蒂而开，似乎因这段痴恋所致，可以说是"海枯石烂情缘在"的体现。

77 咏煤炭

明·于谦

凿开混沌①得乌金②，
藏蓄阳和③意最深。
爝火④燃回春浩浩⑤，
洪炉⑥照破夜沉沉。
鼎彝⑦元赖生成力⑧，
铁石⑨犹存死后心。
但愿苍生⑩俱饱暖，
不辞辛苦出山林⑪。

诗意品析

　　这是一首托物言志诗。诗人以煤炭自喻以表志向胸怀，即为国为民甘愿自我牺牲。

　　诗歌融写物与咏怀为一体，首联用浓重夸张的笔墨描写了煤炭的开采过程，煤炭起初是凿开大地才获得的黑色金块，其中深深地藏蓄着阳光的力量。这暗示着人才的养成需要经历长久的知识积累，也需要伯乐的慧眼识珠。

　　中间二联，以充满力量感的笔墨，写出了煤炭的巨大贡献。颔联"爝火

词语释义

①混沌：传说天地没有形成时元气未分、模糊不清的状态。　②乌金：煤炭，因珍贵如金而色黑而称。　③阳和：温暖和畅的春气。　④爝(jué)火：火炬、火把。　⑤浩浩：本意是形容水势大，这里引申为广大。　⑥洪炉：大火炉。　⑦鼎彝(yí)：烹饪的器具。　⑧生成力：煤炭燃烧生成的力量。　⑨铁石：古人以为铁石蕴藏在地下可以变成煤炭，意指朝廷必须依靠臣民的忠心，臣民至死也要为国家出力。　⑩苍生：老百姓。　⑪山林：本义指的是山上的树林，这里也指隐士幽居的地方。

燃回春浩浩，洪炉照破夜沉沉"体现了煤炭蕴藏的力量如春光般浩大，它自我燃烧所得的光芒甚至能开启沉重的夜幕，暗指人才一旦获得施展才华的空间，必能为国为民燃尽自己。"鼎彝元赖生成力，铁石犹存死后心"继续阐发煤炭助力鼎彝，倾情奉献的精神。"鼎彝"一般指的是帝王所用的器具，可以引申为"国本"之意。"生成力"指煤炭内含的温热和力量，引申为人才的内涵与智慧。颈联可进一步解读为国家的昌盛，要倚仗臣子、人才的赤胆忠心。

尾联"但愿苍生俱饱暖，不辞辛苦出山林"更是达到了立志与咏物的有机统一。因为心忧苍生，情寄社稷，他立志走出隐居的山林，像煤炭一样无怨无悔地自我燃烧，为了天下苍生而奉献牺牲，表达了自己修身以平天下的伟大抱负。

▌知识拓展

于谦（公元1398年—公元1457年），字廷益，号节庵，官至少保，世称于少保，杭州钱塘人，与岳飞、张煌言并称"西湖三杰"，是一位忧国忧民的悲剧英雄。公元1449年，蒙古瓦剌部首领也先入侵，英宗朱祁镇本人也于土木堡兵败被俘。在京城被围、社稷存亡的关键时刻，时任兵部侍郎的于谦，如中流砥柱，坚决反对南迁，拥戴代宗朱祁钰，并勇敢地承担了指挥京师保卫战的重任，击败了瓦剌。孰料，朱祁镇归来后趁代宗朱祁钰患病之机，于公元1457年发动"夺门之变"，复辟成功，重登大位，并诬陷这个拯救了国家、也拯救自己脱离俘虏命运的忠臣于谦以"谋逆"之罪，将其杀害。于谦和岳飞、袁崇焕三位英雄的悲剧也成了中国历史上著名的冤案，实在是可悲可叹！

78 蝶恋花·出塞

清·纳兰性德

今古河山无定据①。画角②声中，牧马③频来去。满目荒凉谁可语④？西风吹老丹枫树。

从前幽怨⑤应无数。铁马金戈⑥，青冢⑦黄昏路。一往情深深几许⑧？深山夕照深秋雨。

诗意品析

这首词是纳兰性德在康熙二十一年（公元1682年）八月奉命与副都统郎谈等出塞远赴梭龙（在今黑龙江流域）途中所作。以纳兰性德的性情，这首词并非一般的吊古之作，而是对历史上长久的民族争斗所发出的喟然长叹。

开篇"今古河山无定据"表明了自古以来，这大好河山谁主沉浮没有定数，奠定了全篇豪放与婉约相融合的基调。然后以白描的手法，写出了边塞上战事频繁，

词语释义

①无定据：没有定数。　②画角：乐器名，传自西羌，因为表面有彩绘，形状像牛角、羊角，所以称为"画角"。吹奏时发出呜呜的声响，高亢激昂。古时军中多用以警戒、振奋、传令、指挥，也用于帝王出巡。　③牧马：战马，这里指战士骑着马匹驻防、戍边等活动。　④谁可语：可以和谁说道。　⑤从前幽怨：过去各民族、部族之间的战事。　⑥铁马金戈：形容威武雄壮的士兵和战马，也代指战事。　⑦青冢：长遍荒草的坟墓。这里指王昭君墓，相传冢上草色常青，所以称为"青冢"。　⑧一往情深深几许：化用了欧阳修《蝶恋花》中的"庭院深深深几许"。一往情深：指人的情感深厚、真挚，一旦投入，始终不改变。几许：多少。

战马穿梭其间的情景。秋风仿佛将枫叶的颜色吹得更红，诉说着满目的荒凉萧索。

"从前幽怨"道出了历史上各民族、各部落间因相互征伐而隐藏在心中的仇恨和怨情，不可胜数，但也一并湮没在改朝换代的历史长河中。曾经有"金戈铁马，气吞万里如虎"（宋辛弃疾《永遇乐》）的激昂战斗，也有"独留青冢向黄昏"（唐杜甫《咏怀古迹》）的和解牺牲。"铁马金戈，青冢黄昏路"这一句巧妙地道出了民族国家之间的"幽怨"，或是战斗，或是和解，都被这荒芜的边塞见证着。"一往情深"的"情"，联系到词人本身，他作为皇帝的贴身侍卫，自然有一腔执着情深的报国之志。不过，不同于其他豪放边塞词的直抒胸臆，纳兰性德以其婉约的笔触，在词作的结尾堆叠出"深山""夕照""秋雨"三个富有层次感的意象，囊括了塞外的时刻、天气、景观，此景衬托此情，萧瑟辽阔，却又情意深远，微凉如故。

知识拓展

纳兰性德（公元1655年—公元1685年），满洲人，字容若，号楞伽山人，清代著名词人之一。"纳兰词"在清代乃至整个中国词坛上都享有盛誉。他生活于满汉融合时期，经历了贵族家庭的兴衰，其诗词创作呈现出独特的个性和艺术风格。

"君子以成德为行，日可见之行也。"（《易经》）其实纳兰容若一直都是叫"成德"的，这个名字也寄托了长辈对于纳兰容若"成君子之德"的期许。但在他二十多岁时，康熙立第二子保成为太子，为了避皇太子的名讳，容若改名为"性德"，不过实际上这个名字只用了一年而已。第二年，太子保成改名胤礽，"性德"又改回了"成德"。

79 竹石①

清·郑燮

咬定②青山不放松，
立根③原④在破岩⑤中。
千磨⑥万击⑦还坚劲⑧，
任⑨尔⑩东西南北风。

词语释义

①竹石：扎根在石缝中的竹子。郑板桥是著名画家，擅长画竹。这是他题写在竹石画上的一首诗。　②咬定：根扎得结实，像咬着青山不松口一样。为拟人手法。　③立根：扎根，生根。④原：本来，原本。　⑤破岩：裂开的山岩，岩石的缝隙。⑥磨：磨炼。　⑦击：打击。　⑧坚劲：坚强有力，不屈不挠。　⑨任：任凭。⑩尔：你。

诗意品析

这是一首典型的咏物诗、题画诗，赞美了竹子顽强、执着、刚毅的精神气质，并寄托了诗人自身的情怀品质。

诗歌开头用"咬定"二字，将岩竹拟人化，单单一个动词就传达了千钧力量，生动形象地传达出竹子的神韵和它刚强的生命力；再用"不放松"描摹竹子的具体神态，强调了它的独特个性。第二句写出了竹子恶劣的生长环境。纵使是牢牢扎根在岩石的缝隙之间，也依旧活得顶天立地。"千磨万击""东西南北风"是大自然对强者的考验，不管风吹雨打，任凭霜寒雪冻，竹子依旧傲然不屈。整首诗歌语言简易明快，又刚健有力，表明生在恶劣环境下，长在危难中的竹子，是那么自由自在、坚定乐观。

细细品味，这首诗更是一首托物言志的诗，借岩竹的坚忍顽强，诗人道出了自己刚正不阿、正直不屈的铁骨丹心，绝不随波逐流。

郑板桥（公元1693年—公元1765年），名燮，字克柔，号板桥，清代著名画家、文学家。他出身寒微，自幼丧母，由乳母抚养长大。他是乾隆年间的进士，曾任山东范县、潍县知县。为政清廉，有才干，同情人民疾苦，因为得罪上司而被罢官。后来居住在扬州，以书画为生，尤其擅长画兰、竹。他能将诗、书、画，熔于一炉，在当时被称为"郑燮三绝"。他主张直接观察，用作画去抒发真情实感，提出了"眼中之竹""胸中之竹""手中之竹"等概念。与李鲜、金农、高翔、汪士慎、黄慎、李方膺、罗聘合称"扬州八怪"。郑板桥的文学独具风格，诗歌多言情述事，写民间疾苦，反映了他"作主子文章，不可作奴才文章"的独特气节。

80 己亥杂诗①（其一百二十五）

清·龚自珍

九州②生气③恃④风雷，
万马齐喑⑤究⑥可哀。
我劝天公重抖擞⑦，
不拘一格⑧降人才。

词语释义

①己亥杂诗：当时作者辞官南归，后又北上接迎眷属，往返途中把见闻感受写成三百一十五首杂诗，统称《己亥杂诗》，这是其中一首。己亥：道光十九年（公元1839年）。　②九州：传说我国古代分天下为九个区块，称为九州。关于"九州"具体所指，历来说法不一。一般据《周礼》指扬州、荆州、豫州、青州、兖州、雍州、幽州、冀州、并州。这里代指中国。　③生气：生机，活力。　④恃：依靠。　⑤喑（yīn）：哑，这里暗指社会沉闷不前。　⑥究：毕竟。⑦抖擞：振作精神。　⑧不拘一格：不局限于一个规则、标准或形式。

诗意品析

这首诗是龚自珍在路过镇江时，应道士之请而写的祭神诗。作者在诗中表达了对当时清王朝统治下压抑、停滞的社会现实的不满与变革社会现状的愿望。诗歌选用"九州""风雷""万马""天公"这样具有壮伟特征的意象，语言直白大气，意气恳切。

第一、二句以磅礴夸大的暗喻，表达想要让九州大地恢复生机，必须依靠"风雷"一般的改革的看法。与"风雷"的汹涌动荡相对比，现实情况却是"万马齐喑"的沉寂不前，这样一潭死水的现实是何等的悲哀！一动一静之间的对比，可以看出诗人对现实的洞见。第三、四句，诗人忍不住高声疾呼："我劝天公开眼，重新振作精神，不拘一格地降下人才吧！"诗歌本身出于祭祀神灵的目的而作，表面上是请求天神，实际上是向朝廷、向统治者表达自己内心的希冀。朝廷的昏聩懦弱，优秀人才得不到重用，才华难以施展，才使得社会现实更加死气沉沉。这一句充分表现了诗人开阔的胸怀、远大的目光，及具有战略性的设想。

全诗既揭露了黑暗而毫无生机的社会现实，又呼唤未来的全新变革，表达了诗人心中对国家、民族未来命运的关切，具有深刻的历史意义和强烈的现实意义。

知识拓展

龚自珍（公元1792年—公元1841年），字璱（sè）人，号定庵，又号羽琌（líng）山民，浙江仁和（今浙江省杭州市）人。道光九年（公元1829年）中进士。曾先后任宗人府及礼部主事等职。道光十九年（公元1839年），龚自珍辞官南归，两年后，在丹阳去世。《己亥杂诗》均作于作者南归之时（写于己亥年），共三百一十五首，多为咏怀和讽喻之作。

龚自珍身处传统与现代的交接点上，学术思想地位突出，被认为是中国近代人文主义思想的开端，是思想转变时期的通儒。他思想活跃，经学、史学、典章制度、训诂、音训、金石、天文、地理、诗词歌赋、佛、老无不涉及。龚自珍是在近代历史开端之际得风气之先的杰出思想家与文学家。他主张改革内政，抵制外国侵略，是近代改良主义运动的先驱。龚自珍曾呼吁："一祖之法无不弊，千夫之议无不靡，与其赠来者以劲改革，孰若自改革！"虽然他当时呼吁的是渐进式的改革，但在那个万马齐喑的时代也足以振聋发聩了。

后记

　　随着义务教育阶段对传统文化的日益重视，培养青少年经典诗词赏析与优秀古文品读能力的重要性也日益凸显。尽管已有一些相关读物面世，然而令人遗憾的是，这些读物或者仅限于对教材所选诗文的解析，或者只是古文选段加上现代汉语翻译，或者过于偏重应试……市场上尤其缺乏对学习古文必备的基本词语的词义进行系统解说的读物。有感于此，本编委会着手本丛书的编写事宜。

　　考虑到本丛书的读者定位是小学高年级学生及初中生，编委会成员经过多次沟通商讨，依据初中语文教学大纲，兼顾青少年文学素养的拓展，遴选了适宜这个年龄层次的经典诗词、优秀古文及常用文言字词，通过"词语释义""诗意品析""知识拓展""深入解析"等板块进行深入浅出的词语阐释和诗词品鉴，培养青少年学习古文和鉴赏古典诗词的能力。由于时代变迁，社会文化背景以及语言都发生了巨大的变化，对于诗词古文中的某些词语有时也存在不同的理解，遇到此类情况，我们在表明自己观点的同时，也兼列其他观点。这样做一方面是为了供读者思考和选择，另一方面也表明我们并非无视不同见解。

　　本丛书在编写过程中，参酌了先哲时贤的研究成果，还有幸承蒙浙江大学博士生导师祝鸿熹教授、俞忠鑫教授、陶然教授拨冗指教，在本丛书即将付梓之际，对他们谨致谢忱！同时，感谢周诗宜、刘玥、王嘉钰、朱辰雨、郑凯元、黄宋天择、金添、徐跃彰、杨悦彤、张芸嘉为本丛书的讲解及朗诵部分献声。

  韩愈《赠别元十八协律六首》云："读书患不多，思义患不明。患足已不学，既学患不行。"希望这套丛书能够为青少年读者打开一扇古典文学的窗牖，管窥经典古诗文的魅力，洞察文言字词的古今变化，增加对古文学习和思考的兴趣，让优秀传统文化浸润每位读者的心田！

《积跬致远》丛书　主编

癸卯孟夏